CORNELIA SCHINHARL

EINMACHEN
So gelingt's

Das klappt auf Anhieb:
Konfitüren, Kompotte,
eingelegte Gemüse,
Würziges mit
Fisch und Fleisch ...

Mit Farbfotos von
Ulrich Kerth

GONDROM

Sie finden in diesem Buch

Aromatische Früchte 72

Fisch, Fleisch & Co. 86

Geschenke für Schlemmer 100

Rezeptregister 116

Saisonkalender

Januar

Artischocken (klein)
Champignons
Exoten
Grapefruits
Möhren
Orangen
Radicchio
Rettiche
Rote Bete
Schalotten
Zitronen
Zwiebeln

Februar

Artischocken (klein)
Champignons

Exoten
Grapefruits
Möhren
Orangen
Radicchio
Rettiche
Rote Bete
Schalotten
Zitronen
Zwiebeln

März

Artischocken (klein)
Champignons
Exoten
Grapefruits
Möhren
Orangen
Radicchio
Rote Bete
Schalotten
Zitronen
Zwiebeln

April

Champignons
Exoten
Grapefruits
Knoblauch
Lauch
Möhren
Orangen
Radicchio
Rhabarber
Rote Bete
Schalotten
Zitronen
Zwiebeln

Mai

Champignons
Erdbeeren
Exoten
Grapefruits
Kirschen
Knoblauch
Lauch
Möhren
Orangen
Pfirsiche
Radicchio
Rettiche
Rhabarber
Rote Bete
Schalotten
Stachelbeeren
Tomaten
Zitronen
Zucchini
Zwiebeln

Juni

Auberginen
Champignons
Erdbeeren
Exoten
Feigen
Grapefruits
Heidelbeeren
Himbeeren
Johannisbeeren
Kirschen
Knoblauch
Lauch
Möhren
Paprikaschoten
Peperoni
Pfirsiche
Rettiche
Rhabarber
Rote Bete
Schalotten
Stachelbeeren
Tomaten
Zitronen
Zucchini
Zwiebeln

Juli

Auberginen
Champignons
Erdbeeren
Exoten
Feigen
Grapefruit
Gurken
Heidelbeeren

Himbeeren
Johannisbeeren
Kirschen
Knoblauch
Lauch
Möhren
Paprikaschoten
Peperoni
Pfirsiche
Rettiche
Rhabarber
Rote Bete
Schalotten
Stachelbeeren
Staudensellerie
Tomaten
Zitronen
Zucchini
Zwetschgen
Zwiebeln

August

Auberginen
Birnen
Brombeeren
Champignons
Exoten
Grapefruits
Gurken
Heidelbeeren
Himbeeren
Johannisbeeren
Knoblauch
Kürbis
Lauch
Möhren
Paprikaschoten
Peperoni
Pfirsiche
Preiselbeeren
Rettiche
Rote Bete
Schalotten
Stachelbeeren

Staudensellerie
Tomaten
Zucchini
Zwetschgen
Zwiebeln

September

Auberginen
Birnen
Brombeeren
Champignons
Exoten
Feigen
Grapefruits
Gurken
Heidelbeeren
Himbeeren
Holunderbeeren
Knoblauch
Kürbis
Lauch
Möhren
Paprikaschoten
Peperoni
Pfirsiche
Preiselbeeren
Quitten
Rettiche
Rote Bete
Schalotten
Staudensellerie
Tomaten
Zitronen
Zucchini
Zwetschgen
Zwiebeln

Oktober

Auberginen
Birnen

Brombeeren
Champignons
Exoten
Feigen
Grapefruits
Gurken
Holunderbeeren
Knoblauch
Kürbis
Lauch
Möhren
Paprikaschoten
Peperoni
Preiselbeeren
Quitten
Radicchio
Rettiche
Rote Bete
Schalotten
Tomaten
Zitronen
Zucchini
Zwetschgen
Zwiebeln

November

Artischocken (klein)
Champignons
Exoten
Grapefruits
Knoblauch
Kürbis
Lauch
Möhren
Orangen
Paprikaschoten
Peperoni

Quitten
Radicchio
Rettiche
Rote Bete
Schalotten
Zitronen
Zwiebeln

Dezember

Artischocken (klein)
Champignons
Exoten
Grapefruits
Knoblauch
Kürbis
Lauch
Möhren
Orangen
Radicchio
Rettiche
Rote Bete
Schalotten
Zitronen
Zwiebeln

Rund ums Einmachen

Einkochen

Zu Großmutters Zeiten war das Einkochen von Gemüse und Obst die gebräuchlichste Art, große Vorräte anzulegen. Man füllte die Zutaten mit Wasser und eventuell einigen Gewürzen in Einkochgläser mit Gummiring und Deckel, verschloß das Ganze mit Klammern und erhitzte es in heißem Wasser so lange, bis der Inhalt gar und alle Luft aus dem Glas entwichen war. Nachteil: Durch die lange Garzeit gehen sowohl Vitamine als auch Geschmack verloren. Da es heute in vielen Haushalten Tiefkühltruhen gibt, ist es sinnvoller, große Mengen an Gemüse zu blanchieren und portionsweise einzufrieren.

Konservieren mit Essig

Essig verhindert die Bildung von Schimmel und Bakterien und bewirkt, daß Lebensmittel über längere Zeit haltbar sind. Da Essig auch Aroma abgibt, ist seine Qualität entscheidend. Sparen Sie also beim Essig besser nicht. Und: Er muß mindestens 4% Säure enthalten, sonst ist seine konservierende Wirkung nicht ausreichend. Auf die gleiche Art funktioniert übrigens auch das Einlegen in Alkohol, er muß allerdings hochprozentig sein. Wein und Bier haben einen zu geringen Alkoholgehalt, können aber beispielsweise mit Essig vermischt verwendet werden. Das Einlegen in Essig funktioniert so: Gemüse, das nicht gegart werden muß, mit Salz bestreuen und über Nacht stehenlassen. Am nächsten Tag das Salz abwaschen und das Gemüse trockentupfen. Mit Essig, beliebigen Gewürzen und Kräutern in sterilisierte Gläser füllen. Wenn Sie nun den Essig kalt angießen, bleibt das Gemüse schön bißfest, gießen Sie ihn heiß an, wird es etwas weicher.

Harte Gemüsesorten, wie zum Beispiel Rote Bete, müssen vor dem Einlegen vorgekocht werden. Gemüsesorten mit kurzer Garzeit, wie zum Beispiel Kürbis, werden nicht eingesalzen, sondern einige Minuten in der Essigmischung gegart. Normalerweise mischt man 1 l Essig mit 1/2 l Wasser, bei Zugabe von Zucker und Salz kann man beides zu gleichen Teilen vermengen.

Konservieren mit Öl

Öl bildet eine schützende Schicht. Vor allem Gemüse wird dazu vorher einige Minuten in einer Essiglösung gekocht, damit es sich länger hält. Dann läßt man es sehr gut abtrop-

fen und schichtet es in Gläser, die mit Öl aufgefüllt werden.
Besonders wichtig: Die Zutaten müssen restlos vom Öl bedeckt sein. Nach einigen Tagen noch einmal kontrollieren und etwas Öl nachgießen, falls die Zutaten Öl aufgesogen haben.

Einkochen mit Zucker

Kompott, Marmeladen und Gelees werden durch das Einkochen mit Zucker haltbar gemacht. Früher kochte man dazu die Früchte mit der gleichen Menge Zucker so lange, bis die Masse fest wurde. Heute verkürzen Gelierzucker und viele andere Zutaten die Garzeiten und ermöglichen es, die Früchte nur kurz zu kochen, damit sie ihr Aroma besser erhalten.

Entsafter

Wer häufig Gelee kocht oder auch gerne Saft selbst preßt, kann sich einen elektrischen Entsafter anschaffen. Wer Säfte haltbar machen will, süßt sie eventuell (bei süßen Früchten nicht nötig) und kocht sie auf. Dann in saubere Twist-Off-Flaschen (beispielsweise sehr gut gereinigte Milchflaschen) füllen und diese sofort verschließen.

Konservieren durch Trocknen

Diese Methode ist auch heute noch – vor allem in Regionen mit reichlich Sonnenschein – beliebt. Gewürze und Kräuter lassen sich aber auch bei uns sehr gut trocknen. Chilischoten zum Beispiel können Sie mit einer Nadel auf einen Bindfaden ziehen, an einem luftigen Ort aufhängen und so lange trocknen, bis sie sich zerbröseln lassen. Auf die gleiche Art lassen sich die Schalen von Zitrusfrüchten und auch Kräuter trocknen. Kräuter zu kleinen Sträußchen zusammenbinden und aufhängen. Nach dem Trocknen alle diese Zutaten in Schraubgläsern aufbewahren. Wer allerdings mehr trocknen will – Pilze und Tomaten beispielsweise werden durch diese Methode zu echten Delikatessen – sollte sich ein Dörrgerät anschaffen.

Dörrgerät

Vor allem für Gartenbesitzer lohnt sich unter Umständen die Anschaffung eines Dörrgerätes, mit dem Sie Äpfel, Birnen und Zwetschgen,

aber auch Suppengrün, Pilze, Kräuter und Tomaten problemlos trocknen können. Wichtig ist, daß Sie ausreichend Platz für das Gerät haben, denn das Trocknen dauert viele Stunden. Beim Kauf eines Gerätes sollten Sie darauf achten, daß ein Temperaturregler eingebaut ist, das Gerät leicht zu bedienen und einfach zu reinigen ist. Beim Trocknen selbst finden Sie Anhaltspunkte für die Trockendauer in der Anleitung des Herstellers, die allerdings je nach Qualität und Sorte der Zutaten schwanken können. Obst und Tomaten sollten trocken, aber noch biegsam sein. Andere Gemüsesorten hingegen, wie auch Pilze und Kräuter, sollen so trocken sein, daß sie rascheln. Nach dem Trocknen die Zutaten immer gut verschlossen lagern, damit das Aroma erhalten bleibt.

Gärtopf

Für die Herstellung von Sauerkraut können Sie zwar auch Glasgefäße nehmen, spezielle Gärtöpfe

sind jedoch ideal, um große Mengen problemlos herzustellen und auch gleich darin aufzubewahren. Die Töpfe sind aus glasiertem, hoch gebranntem Steingut und haben eine spezielle Wasserrinne. Dazu gibt es Deckel und Beschwerungssteine. Nach dem Füllen wird der Deckel aufgelegt und Wasser in die Rinne gegossen: dies schließt den Topf luftdicht ab. Gereinigt werden Gärtöpfe ausschließlich mit Wasser, gründliches Säubern ist dabei aber, wie immer, wichtig. Kaufen können Sie Gärtöpfe in Haushaltwarengeschäften und in größeren Naturkostläden.

Rund ums Einmachen

Geeignete Gläser

Zum Einkochen brauchen Sie spezielle Gläser mit passendem Gummiring und Glasdeckel. Falls die Gläser keinen Bügelverschluß haben, müssen Sie zusätzlich Verschlußklammern kaufen. Für in Essig und Öl Eingelegtes eignen sich sowohl Gläser mit Gummiring und Bügelverschluß als auch Gläser mit einfachem Schraubverschluß. Alles, was heiß in Gläser gefüllt und sofort verschlossen wird, ist am besten in Twist-Off-Gläsern aufgehoben. Wenn Sie Gläser verwenden, die schon einmal in Gebrauch waren, prüfen Sie vor allem, ob sie unversehrt sind. Fahren Sie mit dem Finger über den Rand, er muß glatt sein. Auch der Deckel darf nicht beschädigt sein.

Zubehör

Damit Sie nichts neben die Gläser schütten, lohnt sich die Anschaffung eines Einfülltrichters. Er hat eine besonders weite Öffnung, durch die auch größere Gemüse- und Obststücke passen.
Eine spezielle Zange erleichtert das Herausnehmen von eingekochten und/oder sterilisierten Gläsern, aber auch von Gläsern aus dem heißen Wasser im Spülbecken.

Geliermittel

Zum Kochen von Marmelade, Konfitüre und Gelee können Sie inzwischen unter vielen verschiedenen Einmachmöglichkeiten wählen: Gelierzucker verwendet man im Verhältnis zur Fruchtmenge 1:1. Wichtig: Die Früchte werden immer nach dem Putzen gewogen. Konfitüre, die mit Gelierzucker hergestellt wurde, ist mindestens 6 Monate, meist sogar länger als 1 Jahr haltbar. Spezielle Gelierzucker ermöglichen es, das Verhältnis von Frucht und Zucker von 2:1 bis zu 3:1 zu verändern. Sie enthalten neben ausreichend Geliermitteln meist auch Konservierungsstoffe. Dennoch sind Konfitüren, die mit diesen Geliermitteln hergestellt werden, durch die geringere Zuckermenge nicht so lange haltbar. Selbst Diabetiker müssen nicht auf Konfitüre oder Gelee verzichten, denn es gibt bereits spezielle Gelierzucker für Diabetiker. Außerdem im Handel: verschiedene pulverisierte Geliermittel aus Pektin. Im Reformhaus wird ein Gelierpulver aus Apfelpektin, einem natürlichen Stoff, angeboten. Man nimmt Früchte und normalen Zucker im Verhältnis 1:1 und dickt Konfitüren und Gelees mit dem Gelierpulver nach Packungsanweisung ein. Flüssige Geliermittel sind geschwefelt und deshalb nicht unbedingt zu empfehlen. Man kann Konfitüren und Gelees auch mit Agar-Agar fest werden lassen. Dabei kann es jedoch leicht passieren, daß die Masse zu fest wird.

Gläser sterilisieren

Wer die eingelegten Zutaten nur für kurze Zeit lagern will oder die Zutaten kochend heiß einfüllt, wie zum Beispiel bei Chutneys, muß die Gläser nur gründlich säubern. In allen anderen Fällen sollten Sie die Gläser vorsichtshalber

zusätzlich sterilisieren. Dazu die Gläser zuerst gründlich mit Spülmittel säubern und mit klarem Wasser nachspülen. Dann in einen großen Topf legen, mit heißem Wasser bedecken und dieses zum Kochen bringen. Die Gläser im kochenden Wasser etwa 5 Minuten erhitzen, dann auf dem abgeschalteten Herd bis zum Gebrauch im heißen Wasser liegen lassen. Vor dem Füllen die Gläser umgedreht auf ein sauberes Küchentuch stellen und kurz abtropfen lassen.

Allgemeine Tips

◢ Alle Zutaten, die Sie einmachen möchten, müssen sehr frisch sein. Gemüse soll reif, aber keinesfalls überreif oder gar welk sein und auch keine faulen Stellen haben.

◢ Fisch, Fleisch und Eier können das ganze Jahr hindurch problemlos eingelegt und mariniert werden.

◢ Bei Gemüse sollten Sie sich an die Saison halten, in der das Gemüse im Freiland reift oder aus Exporten relativ preiswert angeboten wird.

◢ Unerläßlich beim Einmachen ist Sauberkeit. Sowohl die

Gläser, in denen die Zutaten eingelegt werden, als auch alle Geräte, die Sie zum Vorbereiten und Zubereiten benötigen, müssen sehr sauber sein, dürfen aber keine Spülmittelreste mehr haben, die den Geschmack beeinträchtigen könnten.

◢ Nehmen Sie zum Einkochen immer einen ausreichend großen Topf. Vor allem bei der Zubereitung von Konfitüren kann der Inhalt sonst leicht überkochen.

◢ Wenn Sie beim Einfüllen der Zutaten den Gläserrand verschmutzen, diesen immer gleich gründlich mit einem feuchten Tuch abwischen.

◢ Verwenden Sie möglichst für alles Eingelegte Meersalz, denn es enthält keine chemischen Zusätze wie zum Beispiel Rieselhilfen, die den Geschmack beeinträchtigen könnten.

◢ In Essig Eingelegtes muß in Gefäßen zubereitet und gelagert werden, die nicht auf Essig reagieren. Also säurefeste Materialien wie Porzellan oder Glas verwenden.

Riecht der Inhalt eines geöffneten Glases nicht mehr angenehm, nicht probieren, sondern den Inhalt wegwerfen. Vor allem bei Fisch und Fleisch kann man sich sonst leicht gefährliche Lebensmittelvergiftungen zuziehen.

Sachgerecht lagern

In Essig und Öl Eingelegtes lagern Sie am besten an einem kühlen, dunklen Ort, zum Beispiel in einem ungeheizten Keller oder in einer Speisekammer. Die Gläser vorher immer beschriften, und zwar mit Datum und Inhalt, denn man vergißt leicht, ob man das Gemüse nun vor zwei oder drei Monaten eingelegt hat.
Als Faustregel gilt: In Öl Eingelegtes hält sich 3–6 Monate, in Essig Eingelegtes können Sie

bis zu 1 Jahr lagern. Mit Zucker eingekochte Früchte sind mindestens 6 Monate, meist sogar länger als 1 Jahr haltbar. Alles übrige, wie zum Beispiel Rillettes, bewahren Sie am besten im Kühlschrank auf, damit es so lange wie möglich haltbar bleibt. Hinweise über die Haltbarkeit finden Sie bei den einzelnen Rezepten.
Alles, was Sie einmal geöffnet haben, sollten Sie im Kühlschrank lagern. Und ganz wichtig: Die Zutaten immer mit frischem Besteck aus den Gläsern holen, denn Bakterien im Speichel können die Haltbarkeit verringern.

Gemüse in Essig und Öl

Gläser heiß ausspülen

Für Eingemachtes, das heiß eingefüllt wird, die Gläser gründlich reinigen und in heißes Wasser legen. Kurz vor dem Füllen herausnehmen, umgedreht auf einem Küchentuch abtropfen lassen. Beim Einfüllen müssen die Gläser noch heiß sein.

Gläser sterilisieren

Für empfindliche Zutaten oder solche, die roh oder kalt eingefüllt werden, brauchen Sie sterilisierte Gläser. Dafür die Gläser etwa 5 Minuten in kochendes Wasser legen. Dann den Topf vom Herd nehmen, die Gläser aber bis zum Gebrauch im heißen Wasser liegen lassen.

Gläser füllen

Obwohl die meisten Gläser hitzebeständig sind, kann es passieren, daß mal eines platzt, wenn es mit heißem Gemüse, heißem Kompott oder heißer Marmelade gefüllt wird. Deshalb die Gläser zum Füllen auf ein feuchtes Tuch stellen.

Sauerkraut: kräftig gestampft ...

Das zerkleinerte Kraut mit Salz und Gewürzen schichtweise in den Topf füllen und mit einem großen Holzstößel so lange kräftig stampfen, bis sich Saft bildet und das Kraut leicht glasig und weich wird.

... und gut beschwert

Damit das Kraut gleichmäßig gärt und schön saftig bleibt, muß es beschwert werden. Ein sauberes Tuch darauf legen, einen ausreichend großen Teller darauf stellen und mit dem Stein vom Gärtopf oder einem mit Wasser gefüllten Glas beschweren.

Kürbis vorbereiten

So geht's am leichtesten: Den Kürbis in Stücke schneiden, vom faserigen Fruchtfleisch in der Mitte mitsamt den Kernen befreien und dann erst schälen. Dazu die Kürbisstücke auf ein Brett legen und die Schale portionsweise abschneiden.

Gewürzgurken

Im Bild oben

Kurzrezept

- Gurken waschen, in Salzwasser ziehen lassen
- Kurz wässern und in Gläser geben
- Essig mit Wasser, Gewürzen, Kräutern und Zucker aufkochen, über die Gurken gießen

Klassiker

Zutaten für 4 Gläser von je 1/2 l Inhalt:

1 kg kleine Einleggurken
100 g Meersalz
1 Stück Meerrettich (etwa 2 cm)
4 getrocknete Chilischoten
1 TL weiße Pfefferkörner
1 Bund Dill
1/2 l Apfelessig
1 Lorbeerblatt
1 TL Wacholderbeeren
100 g Zucker
Pro Glas etwa:
660 kJ/160 kcal

- Haltbarkeit:
  etwa 1 Jahr

1

Die Gurken mit einem Tuch gründlich abreiben. Schmutzige Gurken abwaschen und abtrocknen. Die Stielenden abschneiden. Die Gurken mit dem Salz und 1 1/2 l Wasser in einer Schüssel mischen. Zugedeckt etwa 24 Stunden ziehen lassen.

2

Die Gurken dann etwa 5 Minuten in frisches kaltes Wasser legen, abtropfen lassen und in sterilisierte Gläser (Seite 10) füllen.

3

Den Meerrettich unter fließendem Wasser gründlich abbürsten, dann in dünne Scheiben schneiden. Die Chilischoten halbieren, anschließend die Hände waschen (Seite 34). Die Pfefferkörner mit einem breiten Messer zerdrücken. Den Dill waschen, die Blättchen von den Stielen zupfen.

4

Den Essig mit 1/2 l Wasser, den Gewürzen, den Kräutern und dem Zucker einmal aufkochen, dann etwas abkühlen lassen. Über die Gurken gießen. Die Gläser verschließen. Die Gurken vor dem Öffnen mindestens 14 Tage ziehen lassen.

Zubereitungszeit: etwa 30 Minuten (dazu etwa 24 Stunden Ruhezeit)

Senfgurken mit Apfel

Im Bild unten

Kurzrezept

- Gurken in Streifen, Äpfel in Schnitze schneiden
- Essig mit Wasser und Zucker erhitzen
- Gurken und Äpfel darin aufkochen, dann 24 Stunden ziehen lassen
- Mit Dill, Senfkörnern und Lorbeer in Gläser füllen
- Sud aufkochen lassen, darüber verteilen

Klassiker auf neue Art

Zutaten für 5 Gläser von je etwa 450 ml Inhalt:

3 große Salatgurken von je etwa 600 g
2 säuerliche Äpfel
1/2 l Reisessig (Asienladen) oder ein anderer milder Essig
150 g Zucker
1 großes Bund Dill
50 g Senfkörner
5 Lorbeerblätter
Pro Glas etwa:
910 kJ/220 kcal

- Haltbarkeit:
  etwa 1 Jahr

1

Die Gurken schälen, längs halbieren und die Kerne mit einem Löffel herauskratzen. Die Gurken in etwa fingerlange, dünne Streifen schneiden. Die Äpfel schälen, vierteln, von den Kerngehäusen befreien und in etwa 1 cm dicke Scheiben schneiden.

2

Den Essig mit 1/2 l Wasser und dem Zucker zum Kochen bringen. Die Gurken und die Äpfel hineingeben, einmal aufkochen lassen. Vom Herd nehmen und etwa 24 Stunden ziehen lassen.

3

Gurken und Äpfel aus dem Essigsud heben. Den Dill waschen und in etwa 3 cm lange Stücke schneiden.

4

Die Gurken und die Äpfel mit dem Dill, den Senfkörnern und den Lorbeerblättern in sterilisierte Gläser (Seite 10) füllen. Den Essigsud nochmals aufkochen, lauwarm abkühlen lassen und über die Gurken gießen. Sie sollen bedeckt sein. Die Gläser verschließen. Die Gurken mindestens 1 Woche ziehen lassen.

Zubereitungszeit: etwa 50 Minuten (dazu etwa 24 Stunden Ruhezeit)

Sauerkraut

Für die Herstellung von Sauerkraut brauchen Sie einen speziellen Gärtopf (Seite 7).

Kurzrezept

◢ Kohlstreifen stampfen, Äpfel, Gewürze und Salz hinzufügen
◢ Mit Kohlblättern abdecken, beschweren und stehenlassen
◢ Zwischendurch Schaum abschöpfen

Klassiker

Zutaten für einen Gärtopf von etwa 10 l Inhalt:
10 kg feste Weißkohlköpfe
4 säuerliche Äpfel
100 g Meersalz
10 Lorbeerblätter
3 EL Wacholderbeeren
nach Belieben 1 EL Kümmel oder Senfkörner
Pro 100 g etwa:
94 kJ/22 kcal

◢ Haltbarkeit: etwa 6 Monate

1
Von den Kohlköpfen die äußeren Blätter ablösen. Einige schöne Blätter beiseite legen. Die Kohlköpfe vierteln und in feine Streifen hobeln, dabei jeweils den Strunk entfernen. Die Äpfel schälen, vierteln, von den Kern-

gehäusen befreien und quer in schmale Scheiben schneiden.

2
Etwa 2 cm hoch gehobeltes Kraut in einen sauberen Gärtopf geben und mit den Fäusten oder einem Holzstampfer so lange stampfen, bis Saft austritt. Einige Apfelscheiben, etwas Salz und einen Teil der Gewürze untermischen. Eine weitere Schicht Kraut auflegen und wieder gründlich stampfen. Auf diese Art alle Zutaten in den Topf schichten. Es soll dabei so viel Saft austreten, daß die Zutaten im Topf davon vollständig bedeckt sind (Seite 10).

3
Die beiseite gelegten Kohlblätter waschen und auf den gehobelten Kohl legen. Einen Deckel oder einen Teller auf das Kraut legen. Mit dem Beschwerungsstein beschweren (Seite 10).

4
Den Kohl bei etwa 20° dunkel (mit einem Tuch bedeckt) 2–3 Tage stehenlassen, bis sich Schaum gebildet hat. Den Schaum abschöpfen. Dann für etwa 4 Wochen an einen kühlen Ort stel-

len (etwa 15°). Nach 1 Woche den Schaum abschöpfen. Ab dann jeden zweiten Tag den Deckel abnehmen und den Schaum abschöpfen. Das Sauerkraut ist fertig, wenn sich kein Schaum mehr bildet.

5
Das Sauerkraut im Gärtopf aufbewahren oder in Schraubgläser füllen. Es hält sich bis zu 6 Monaten.

Zubereitungszeit: etwa 1 Stunde (dazu etwa 4 Wochen Zeit zum Gären)

◢ TIP
Wenn Sie nur eine kleine Menge zubereiten möchten, machen Sie es so: 1 kg Weißkohl in feine Streifen hobeln, mit 10 g Salz in einer stabilen Schüssel so lange stampfen, bis sich reichlich Saft bildet. Mit Äpfeln, Lorbeer und Gewürzen in sterilisierte Gläser (Seite 10) füllen und gut zusammendrücken. Mit Salzwasser (etwa 1/2 Eßlöffel Salz auf 1/2 l Wasser) aufgießen und stehenlassen.

Milchsaure Rote Bete

Im Bild oben

Kurzrezept
◣ Rote Bete fein schneiden, Zwiebeln in Ringe schneiden
◣ Salzwasser aufkochen
◣ Mit Gewürzen in Gläser füllen, mit abgekochtem Salzwasser begießen

Klassiker

Zutaten für 4 Gläser von je etwa 1/2 l Inhalt:

1 kg Rote Bete	
3 gehäufte TL Meersalz (etwa 15 g)	
2 Zwiebeln	
1 EL Kümmelkörner	
1 TL Korianderkörner	

Pro Glas etwa:
470 kJ/110 kcal

◣ Haltbarkeit:
etwa 6 Monate

1
Die Roten Bete schälen und vierteln. Mit dem Gurkenhobel in feine Scheiben teilen. Das Salz in 3/4 l Wasser auflösen. Das Salzwasser einmal aufkochen, dann abkühlen lassen. Die Zwiebeln schälen und in feine Ringe schneiden.

2
Die Roten Bete und die Zwiebeln mit den Gewürzen in sterilisierte Gläser schichten (Seite 10). Das Salzwasser angießen. Die Gläser sollen nur bis etwa 2 cm unter den Rand gefüllt sein.

3
Die Gläser verschließen und etwa 1 Woche bei Zimmertemperatur stehenlassen. Dann an einem kühlen Ort (aber nicht im Kühlschrank) noch etwa 5 Wochen ruhen lassen.

Zubereitungszeit: etwa 25 Minuten

◣ GRUNDREZEPT
Milchsauer eingelegtes Gemüse
Das rohe Gemüse so klein schneiden, daß es sich gut in Gläser oder den Gärtopf schichten läßt. Salz in kochendem Wasser auflösen, abkühlen lassen und zum Gemüse geben. Man rechnet auf 100 g Gemüse etwa 1 g Salz. Das Gemüse mit dem Salzwasser mischen und in den Gärtopf oder das Glas geben. Es soll mit Flüssigkeit bedeckt sein. So eingelegt schmecken Rettich, Möhren, Sellerie, Paprikaschoten und Kürbis.

Scharfer Spitzkohl

Im Bild unten

Statt Spitzkohl können Sie auch Wirsing oder junges Rotkraut nehmen.

Kurzrezept
◣ Kohl putzen, in Rauten schneiden und in Gläser füllen
◣ Salz mit Wasser und Gewürzen aufkochen
◣ Kohl damit begießen

Gelingt leicht

Zutaten für 4 Gläser von je etwa 1/2 l Inhalt:

1 kg Spitzkohl	
4 kleine Stücke Zimtstange	
2 TL Korianderkörner	
2 TL Fenchelsamen	
4–8 getrocknete Chilischoten	
3 EL Meersalz	
3 EL Sherry	
3 EL Kirschwasser oder weißer Rum	

Pro Glas etwa:
390 kJ/93 kcal

◣ Haltbarkeit:
etwa 6 Monate

1
Den Spitzkohl waschen, die Blätter ablösen, den Strunk entfernen. Die Blätter eventuell noch einmal waschen. Einige Blätter beiseite legen, die restlichen in Rauten von etwa 2 cm Größe schneiden.

2
Die Kohlrauten mit dem Zimt, dem Koriander und dem Fenchel in sterilisierte Gläser geben (Seite 10). Die Chilischoten grob zerkleinern und hinzufügen. Anschließend die Hände waschen (Seite 34).

3
Das Salz mit 1 1/2 l Wasser in einem Topf zum Kochen bringen. Dabei gut durchrühren, damit sich das Salz auflöst. Den Sherry und das Kirschwasser oder den Rum untermischen.

4
Diese Marinade heiß über den Spitzkohl gießen. Die Kohlstücke sollen ganz davon bedeckt sein. Den Kohl mit den beiseite gelegten Kohlblättern abdecken und offen etwa 1 Woche stehenlassen. Dann erst verschließen und noch mindestens 2 Wochen ziehen lassen.

Zubereitungszeit: etwa 40 Minuten

Gemüse im Senfsud

Kurzrezept

- Gemüse kleinschneiden, Tomaten einstechen
- Alles mit Salz mischen, ziehen lassen
- Essig mit Ingwer, Gewürzen und Gemüse kochen
- Gemüse in Gläser füllen
- Sud andicken und darüber gießen

Spezialität aus England
Braucht etwas Zeit

Zutaten für 6 Gläser von je etwa 1/2 l Inhalt:

300 g junge Zucchini
800 g Broccoli
500 g grüne Bohnen
2 rote Paprikaschoten (etwa 400 g)
250 g kleine Zwiebeln
2 Kohlrabi (etwa 500 g)
250 g Cocktailtomaten
300 g Meersalz
1 walnußgroßes Stück Ingwer
1 1/4 l Weißweinessig
200 g Zucker
1 EL gemahlener Kurkuma
2 EL englisches Senfpulver
je 2 TL gemahlener Koriander und Kreuzkümmel
1 gehäufter EL Speisestärke

Pro Glas etwa:
710 kJ/170 kcal

- Haltbarkeit: etwa 1 Jahr

1

Zucchini und Broccoli waschen, putzen und in mundgerechte Stücke schneiden. Broccolistiele schälen und in Scheiben schneiden. Die Bohnen waschen, von Enden und Fäden befreien und in etwa 2 cm lange Stücke schneiden. Die Paprikaschoten waschen und halbieren. Stielansätze, Trennwände und Kerne entfernen. Die Schotenhälften in Würfel schneiden. Die Zwiebeln schälen und halbieren. Den Kohlrabi schälen und in Würfel schneiden. Die Tomaten waschen und die Schalen mit einer Nadel mehrmals einstechen.

2

Alle Gemüsesorten in eine große Schüssel geben, mit dem Salz mischen. Einen Teller auf das Gemüse legen und mit einem Gewicht beschweren. Das Gemüse an einem kühlen Ort, aber nicht im Kühlschrank, etwa 24 Stunden ziehen lassen.

3

Das Gemüse am nächsten Tag in ein Sieb geben, mit kaltem Wasser abspülen und gut abtropfen lassen.

4

Den Ingwer schälen und durch die Knoblauchpresse drücken (Seite 34). Essig, Zucker und alle Gewürze hinzufügen. Das Gemüse untermischen. Alles zum Kochen bringen und zugedeckt etwa 7 Minuten köcheln lassen, bis das Gemüse bißfest ist.

5

Das Gemüse mit einem Schaumlöffel aus dem Sud heben und in heiß ausgespülte Gläser verteilen (Seite 10).

6

Die Speisestärke mit wenig kaltem Wasser anrühren. Den Kochsud noch einmal erhitzen, die Speisestärke einrühren. Die Sauce unter Rühren etwa 3 Minuten köcheln lassen, bis sie dicklich wird. Dann über das Gemüse gießen. Die Gläser sofort verschließen. Mindestens 4 Wochen ziehen lassen.

Zubereitungszeit:
etwa 1 1/4 Stunden (dazu
etwa 24 Stunden Ruhezeit)

Paprika in Balsamico-Sud

Im Bild oben

In Balsamico eingelegtes Gemüse schmeckt mildsäuerlich.

Kurzrezept

◿ Essig, Wasser, Salz, Öl aufkochen lassen
◿ Paprikastücke, Zwiebeln und Knoblauch darin garen
◿ Basilikum und Kapern untermischen. Alles ohne Sud in Gläser füllen
◿ Sud aufkochen lassen, darüber gießen

Raffiniert

Zutaten für 4 Gläser von je etwa 1/4 l Inhalt:
2 kg Paprikaschoten, rot, grün und gelb gemischt
2 frische rote oder grüne Chilischoten
500 g frische Perlzwiebeln
8 Knoblauchzehen
3 Bund Basilikum
400 ml Aceto balsamico (Balsamicoessig)
1 gehäufter TL Meersalz
100 g Olivenöl, kaltgepreßt
50 g Kapern
Pro Glas etwa:
1400 kJ/330 kcal

◿ Haltbarkeit:
etwa 1 Jahr

1

Die Paprikaschoten waschen und vierteln, dabei Stielansätze, Trennwände und Kerne entfernen. Die Schotenviertel in etwa 1 cm breite Stücke schneiden. Die Chilischoten waschen, putzen und kalt abspülen. In etwa 2 cm lange Stücke schneiden. Anschließend die Hände waschen (Seite 82). Die Perlzwiebeln blanchieren. Knoblauchzehen und Perlzwiebeln schälen. Das Basilikum waschen und die Blättchen von den Stielen zupfen.

2

Den Essig mit 400 ml Wasser, dem Salz und dem Öl zum Kochen bringen. Paprika, Chilischoten, Perlzwiebeln und Knoblauch hineingeben. Alles etwa 4 Minuten kochen lassen, bis die Zwiebeln bißfest sind. Das Basilikum und die Kapern untermischen, einmal aufkochen lassen.

3

Gemüse und Gewürze aus dem Sud heben und in heiß ausgespülte Gläser füllen (Seite 10). Den Sud noch einmal aufkochen lassen, in die Gläser füllen und diese sofort verschließen. Mindestens 1 Woche ziehen lassen.

Zubereitungszeit: etwa 1 1/2 Stunden

Zucchini in Zitronen-Sud

Im Bild unten

Wenn Sie einen Asien-Laden in Ihrer Nähe haben, nehmen Sie 4 Stengel Zitronengras und 1 Bund Koriander statt Zitronenschale und Basilikum (siehe Abbildung).

Kurzrezept

◿ Essig mit Wasser, Salz und Zucker aufkochen
◿ Zucchini, Zitronenschale und Basilikum mit dem erkalteten Sud übergießen
◿ Im Sud aufkochen lassen, in Gläser füllen, verschließen

Exotisch

Zutaten für 4 Gläser von je etwa 450 ml Inhalt:
1/2 l Apfel- oder Reisessig (Asienladen) oder ein anderer milder Essig
1 EL Meersalz
100 g Zucker
1 kg junge Zucchini
2 unbehandelte Zitronen
2 Bund Basilikum
1 TL weiße Pfefferkörner
Pro Glas etwa:
680 kJ/160 kcal

◿ Haltbarkeit:
etwa 1 Jahr

1

Den Essig mit 400 ml Wasser, dem Salz und dem Zucker zum Kochen bringen, erkalten lassen.

2

Die Zucchini waschen, gut abtrocknen und die Enden abschneiden. Die Zucchini in etwa 2 cm große Würfel schneiden. Die Zitronen waschen, die Schale in Stücken abschneiden. Das Basilikum waschen, die Blättchen abzupfen.

3

Zucchini, Zitronenschale, Basilikum und Pfefferkörner in einer Porzellanschüssel mischen. Mit dem kalten Sud übergießen und etwa 24 Stunden ziehen lassen.

4

Dann alles etwa 2 Minuten kochen lassen. Die Zucchini mit einem Schaumlöffel aus dem Sud heben und in sterilisierte Gläser füllen (Seite 10). Den Sud noch einmal aufkochen lassen, über die Zucchini gießen und die Gläser sofort verschließen. Vor dem Öffnen 1–2 Wochen ziehen lassen.

Zubereitungszeit: etwa 30 Minuten (dazu etwa 24 Stunden Ruhezeit)

Perlzwiebeln in Orangensud

Im Bild oben

Perlzwiebeln bekommen Sie auf größeren Märkten oder in Gemüsegeschäften. Sie müssen blanchiert werden, damit sie sich leichter häuten lassen.

Kurzrezept
◢ Zwiebeln blanchieren, häuten, mit Salz mischen
◢ Essig, Wasser, Orangensaft, Rosinen, Gewürze, Estragon und Zucker erhitzen
◢ Perlzwiebeln darin garen, in Gläser geben
◢ Sud aufkochen, darüber gießen

Würzig

Zutaten für 4 Gläser von je etwa 400 ml Inhalt:
1 kg Perlzwiebeln
50 g Meersalz
4 Stengel frischer Estragon
600 ml Reisessig (Asienladen) oder ein anderer milder Essig
1/4 l Orangensaft, frisch gepreßt
100 g Rosinen
1 Zimtstange
1 TL Gewürznelken
4 EL Zucker
Pro Glas etwa:
900 kJ/210 kcal

◢ Haltbarkeit: etwa 1 Jahr

1
Die Zwiebeln mit kochendem Wasser überbrühen, kurz ziehen lassen, kalt abschrecken und häuten. Mit dem Salz in einer Schüssel mischen und etwa 6 Stunden stehenlassen. Dann gründlich abwaschen und abtropfen lassen.

2
Den Estragon waschen. Den Essig mit 1/4 l Wasser, dem Orangensaft, den Rosinen, dem Zimt, den Gewürznelken, dem Zucker und dem Estragon erhitzen und einmal aufkochen lassen. Die Perlzwiebeln hineingeben und etwa 2 Minuten kochen lassen.

3
Die Zwiebeln aus dem Sud nehmen und in sterilisierte Gläser füllen (Seite 10). Den Sud noch einmal aufkochen lassen, dann über die Zwiebeln gießen. Die Gläser sofort verschließen.

Zubereitungszeit: etwa 1 1/4 Stunden (dazu etwa 6 Stunden Ruhezeit)

Knoblauch in Rotwein

Im Bild unten

Kurzrezept
◢ Essig mit Wein, Wasser und Zucker erhitzen, Knoblauch darin garen
◢ Pfefferminzblättchen untermischen. Alles in Gläser füllen, verschließen

Gelingt leicht

Zutaten für 2 Gläser von je etwa 1/4 l Inhalt:
3 frische Knoblauchknollen (etwa 300 g)
einige Stengel frische Pfefferminze
1/8 l milder Rotweinessig
200 ml trockener Rotwein
2 EL Zucker
Meersalz
Pro Glas etwa:
1300 kJ/310 kcal

◢ Haltbarkeit: etwa 1 Jahr

1
Die Knoblauchzehen schälen. Die Pfefferminze waschen und die Blätter abzupfen.

2
Den Essig mit dem Wein, 100 ml Wasser und dem Zucker und etwas Salz erhitzen und einmal aufkochen lassen. Den Knoblauch hineingeben und etwa 3 Minuten kochen lassen. Die Pfefferminze untermischen.

3
Alles in heiß ausgespülte Gläser füllen (Seite 10). Die Gläser sofort verschließen.

Zubereitungszeit: etwa 20 Minuten

◢ TIP
Der Rotwein gibt dem Knoblauch eine besonders ansprechende Farbe. Am besten schmeckt natürlich junger Knoblauch.

Den Rotwein können Sie auch durch einen säuerlichen, ungesüßten Fruchtsaft ersetzen, zum Beispiel von schwarzen Johannisbeeren.

Auberginen in Honigmarinade

Kurzrezept

▲ Auberginen, Ingwer, Knoblauch und Chilischoten kleinschneiden
▲ Auberginen braten, mit Essig mischen
▲ Ingwer, Knoblauch, Chilischoten und Gewürze braten, über die Auberginen verteilen. Alles in Gläser füllen, mit Honigöl bedecken

Originell

Zutaten für 2 Gläser von je etwa 1/2 l Inhalt:

1 kg Auberginen
1 Stück frischer Ingwer (etwa tischtennisballgroß)
4 Knoblauchzehen
4 frische rote Chilischoten
350 g Olivenöl, kaltgepreßt
75 ml Weißweinessig
4 Lorbeerblätter
4 Gewürznelken
je 3 TL Senfkörner, Kreuzkümmel- und Fenchelsamen
4 TL Meersalz
150 g flüssiger Honig
Pro Glas etwa:
2400 kJ/570 kcal

▲ Haltbarkeit:
etwa 3 Monate

1
Die Auberginen waschen, gut abtrocknen und in Würfel schneiden, dabei die Enden entfernen. Den Ingwer und den Knoblauch schälen und fein hacken (Seite 34). Die Chilischoten waschen und putzen. Dann halbieren, kalt abspülen und sehr fein hacken. Anschließend die Hände waschen (Seite 34).

2
In einem Topf 200 ml Öl erhitzen. Die Auberginen darin bei starker Hitze unter Rühren in etwa 10 Minuten rundherum goldbraun braten. Die Hitze darf nicht zu schwach sein, sonst bildet sich zu viel Flüssigkeit, und die Auberginen werden nicht braun.

3
Die Auberginen herausnehmen und in eine Schüssel geben. Mit dem Essig mischen und beiseite stellen.

4
Den Ingwer, den Knoblauch, die Chilischoten, die Lorbeerblätter, die Gewürznelken, die Senfkörner, die Kreuzkümmel- und Fenchelsamen in das verbliebene Bratöl geben und einige Minu-

ten unter Rühren darin rösten. Das Salz untermischen und die Gewürzmischung über die Auberginen verteilen.

5
Das übrige Öl lauwarm erwärmen. Den Honig untermischen.

6
Die Auberginenmasse in sterilisierte Gläser füllen (Seite 10) und mit dem Honigöl bedecken. Verschließen und vor dem Öffnen mindestens 3 Wochen ziehen lassen.

Zubereitungszeit: etwa 45 Minuten

▲ TIP
Dieses Gemüse schmeckt sowohl als Beilage zu Braten und anderen Fleischgerichten, wie auch als extravagante Sauce zu Nudeln oder Kartoffeln.

Rettich in Essig

Im Bild oben

Ein asiatisch inspiriertes Gemüse, das besonders gut zu Fleisch und Geflügel – gebraten oder gegrillt – schmeckt.

Kurzrezept

◢ Rettichstücke salzen, ziehen lassen
◢ Ingwer, Essig, Wasser, Gewürze und Zucker kochen
◢ Rettich darin blanchieren, dann in Gläser füllen
◢ Sud nochmals aufkochen lassen und darüber füllen

Preiswert · Schnell

Zutaten für 3 Gläser von je etwa 1/2 l Inhalt:

1 kg weiße Rettiche
Meersalz
1 Stück frische Ingwerwurzel (etwa 4 cm)
1/2 l Reisessig (Asienladen)
1 Zimtstange
einige Anissamen
1 TL weiße Pfefferkörner
2 EL Zucker
Pro Glas etwa:
330 kJ/79 kcal

◢ Haltbarkeit:
   etwa 1 Jahr

1
Die Rettiche schälen und längs vierteln. Dann in etwa 2 cm große Stücke schneiden und mit Salz bestreuen. Die Rettiche 1–2 Stunden Saft ziehen lassen, dann kalt abspülen und abtropfen lassen.

2
Den Ingwer schälen und in Scheiben schneiden (Seite 34). 1/2 l Wasser, Essig, Ingwer, Zimt, Anis, Pfefferkörner und Zucker zum Kochen bringen.

3
Die Rettichstücke hineingeben und einmal aufkochen lassen. Den Rettich herausheben, abtropfen lassen und in heiß ausgespülte Gläser füllen (Seite 10).

4
Den Essigsud nochmals aufkochen lassen und über die Rettichstücke gießen. Die Gläser sofort verschließen.

**Zubereitungszeit:
etwa 30 Minuten (dazu
1–2 Stunden Ruhezeit)**

Süß-saurer Lauch mit Möhren

Im Bild unten

Kurzrezept

◢ Lauch und Möhren kleinschneiden
◢ Mit Essig, Zucker, Likör und Gewürzen kochen
◢ In Gläser füllen und verschließen

Dekorativ

Zutaten für 4 Gläser von je etwa 600 ml Inhalt:

1,5 kg dünne Lauchstangen
1 kg junge Möhren
3/4 l Obstessig
75 ml Orangenlikör (ersatzweise naturtrüber Apfelsaft)
Meersalz
150 g Zucker
1 TL weiße Pfefferkörner
1 TL Gewürznelken
einige Lorbeerblätter
Pro Glas etwa:
1500 kJ/360 kcal

◢ Haltbarkeit:
   etwa 1 Jahr

1
Den Lauch putzen, längs aufschlitzen, gründlich waschen und mit dem zarten Grün in etwa 2 cm lange Stücke schneiden. Die Möhren schälen, putzen und in etwa 1 cm große Stücke teilen.

2
3/4 l Wasser, Essig, Likör oder Saft, etwas Salz, Zucker, Pfeffer, Nelken und Lorbeerblätter zum Kochen bringen.

3
Lauch und Möhren mit der Marinade in einer Porzellanschüssel mischen. Etwa 12 Stunden ziehen lassen.

4
Am nächsten Tag das Gemüse in der Marinade zum Kochen bringen und etwa 5 Minuten garen.

5
Alles in heiß ausgespülte Gläser füllen (Seite 10). Die Gläser sofort verschließen. Vor dem Öffnen mindestens 1 Woche ruhen lassen.

**Zubereitungszeit:
etwa 40 Minuten (dazu
12 Stunden Ruhezeit)**

◢ GRUNDREZEPT
Süß-sauer eingelegtes Gemüse
Gemüse wird in einer Essigmarinade (2 Teile Essig, 1 Teil Wasser; das Gemüse muß davon bedeckt sein) in Gläser geschichtet, eventuell vorher darin gekocht. Als Regel gilt: Gemüse, die man roh ißt, müssen nicht gekocht werden, härtere Sorten werden bißfest gegart.

Süß-saure Kohlrabi

Im Bild oben

Statt Kohlrabi schmecken auf diese Art auch Pastinaken sehr gut.

Kurzrezept

◢ Kohlrabi kochen und in Scheiben schneiden
◢ Essig, Wasser, Apfelsaft, Zucker, Salz und Pfeffer aufkochen lassen, Minze dazugeben
◢ Kohlrabi in Gläser füllen, mit Sud begießen

Klassiker auf neue Art

Zutaten für 4 Gläser von je etwa 600 ml Inhalt:

2 kg junge Kohlrabi
Meersalz
1 Bund frische Minze
3/4 l Obstessig
75 ml naturtrüber Apfelsaft
150 g Zucker
1 EL weiße Pfefferkörner

Pro Glas etwa:
1200 kJ/290 kcal

◢ Haltbarkeit: etwa 1 Jahr

1
Die Kohlrabi putzen, schälen und je nach Größe halbieren oder vierteln. Reichlich Salzwasser zum Kochen bringen, die Kohlrabi darin in etwa 5 Minuten bißfest garen.

2
Die Kohlrabi kalt abschrecken und abtropfen lassen. Dann in etwa 1/2 cm dicke Scheiben schneiden.

3
Die Minze kalt abspülen und trockentupfen. Die Blätter von den Stielen zupfen.

4
Den Essig, 3/4 l Wasser, Apfelsaft, Zucker, etwas Salz und Pfefferkörner zum Kochen bringen. Die Minze hinzufügen und alles etwa 5 Minuten köcheln lassen.

5
Inzwischen den Kohlrabi in heiß ausgespülte Gläser füllen (Seite 10). Den heißen Sud angießen und die Gläser sofort verschließen.

Zubereitungszeit: etwa 1 Stunde

Senf-Kürbis

Im Bild unten

Im Herbst, wenn auf allen Märkten die farbenfrohen, kugelrunden Früchte angeboten werden, stellt sich immer wieder die Frage: Was tun damit? Lassen Sie sich von folgendem Rezept inspirieren.

Kurzrezept

◢ Essig, Wasser und Gewürze aufkochen lassen
◢ Kürbis schälen, putzen und in Stücke schneiden
◢ Mit dem Sud übergießen, ziehen lassen
◢ Alles zum Kochen bringen, in Gläser füllen, sofort verschließen

Klassiker

Zutaten für 6 Gläser von je etwa 1/2 l Inhalt:

3/4 l Weißweinessig
2 1/2 EL Meersalz
250 g Zucker
2 EL gelbe Senfkörner
2 kleine getrocknete Chilischoten
1 1/2 kg Kürbis (ungeputzt gewogen)

Pro Glas etwa:
830 kJ/200 kcal

◢ Haltbarkeit: etwa 1 Jahr

1
Essig, 1/4 l Wasser, Salz, Zucker, Senfkörner und Chilischoten in einem Topf mischen und zum Kochen bringen. Den Sud vom Herd nehmen, erkalten lassen.

2
Den Kürbis in Stücke schneiden und schälen. Kerne und faseriges Fleisch entfernen (Seite 10). Das Fruchtfleisch in etwa fingerdicke und -lange Stücke schneiden.

3
Die Kürbisstücke mit dem Sud begießen, zugedeckt etwa 24 Stunden bei Raumtemperatur ziehen lassen.

4
Dann alles zum Kochen bringen und etwa 2 Minuten kochen lassen. Noch heiß in heiß ausgespülte Gläser füllen. Die Gläser sofort verschließen (Seite 10).

Zubereitungszeit: etwa 30 Minuten (dazu etwa 24 Stunden Ruhezeit)

Scharfe Zucchini in Öl

Statt Zucchini schmecken auch Auberginen. Dann brauchen Sie zum Braten allerdings etwas mehr Öl, da Auberginen viel davon aufsaugen.

Kurzrezept

◢ Zucchini in Essigsud kochen und abtropfen lassen

◢ Mit zerkleinerten Chilischoten in Olivenöl braten

◢ Mit Gewürzen und Kapern in Gläser schichten, mit Öl begießen

Würzig

Zutaten für 2 Gläser von je etwa 650 ml Inhalt:

1 kg junge Zucchini
3/8 l Weißweinessig
1 EL Meersalz
3 frische rote Chilischoten
1/2 Bund frischer Thymian
etwa 1/2 l Olivenöl, kaltgepreßt
weißer Pfeffer, frisch gemahlen
1–2 EL Kapern

Pro Glas etwa:
6000 kJ/1400 kcal

◢ Haltbarkeit: etwa 3 Monate

1

Die Zucchini waschen, die Enden abschneiden. Die Zucchini der Länge nach in etwa 1/2 cm dicke Scheiben schneiden. Falls sie sehr lang sind, die Zucchini quer halbieren.

2

Den Essig, 3/4 l Wasser und das Salz zum Kochen bringen. Die Zucchini darin etwa 2 Minuten kochen, dann mit einem Schaumlöffel herausheben und auf einem Küchentuch gut abtropfen lassen.

3

Inzwischen die Chilischoten waschen und putzen. Die Schotenhälften nochmals kalt abspülen, dann trockentupfen und in feine Streifen schneiden. Anschließend die Hände waschen (Seite 34). Den Thymian waschen und die Blättchen von den Stielen streifen.

4

In einer Pfanne etwa 2 Eßlöffel Öl erhitzen. Einen Teil der Zucchinischeiben mit einigen Schotenstreifen und etwas Thymian von beiden Seiten goldbraun braten. Auf diese Weise auch die übrigen Scheiben jeweils in etwas Öl braten.

5

Die Zucchinischeiben mit Pfeffer würzen und mit den Kapern in sterilisierte Gläser verteilen (Seite 10). Mit so viel Öl begießen, daß sie ganz davon bedeckt sind.

Zubereitungszeit: etwa 45 Minuten

◢ VARIANTE
Getrocknete Tomaten in Öl
Getrocknete Tomaten 1–2 Stunden in Essigwasser (3 Teile Wasser, 1 Teil guter Essig) weich werden lassen. Gut abtropfen lassen und trockentupfen. Beliebige Kräuter und reichlich Knoblauch kleinschneiden. Die Tomaten lagenweise mit Kräutern, Knoblauch und nach Wunsch einigen Kapern in sterilisierte Gläser (Seite 10) schichten und so viel Öl angießen, daß sie ganz davon bedeckt sind.

◢ GRUNDREZEPT
In Öl eingelegtes Gemüse
Das Gemüse zuerst in einer Essigmarinade (1 Teil Essig, 2 Teile Wasser) kochen, damit es lange haltbar bleibt. Dann gut abtropfen lassen und mit Gewürzen oder Kräutern in Gläser schichten. Mit so viel Öl begießen, daß es ganz davon bedeckt ist. (Eventuell nach einigen Tagen Öl nachfüllen.) Besonders gut eignen sich dafür Fruchtgemüse wie Zucchini und Auberginen, aber auch Pilze und kleine Artischocken.

Gegrillter Radicchio

Im Bild oben

Versuchen Sie diese Kombination: Radicchio, mild geräucherten Schinken, frische Tomaten und Parmesan, dazu Weißbrot.

Kurzrezept
- Radicchioviertel in Essigsud garen
- Mit Öl bepinseln und grillen
- Mit Gewürzen in Gläser schichten, mit Öl bedecken

Raffiniert · Schnell

Zutaten für 2 Gläser von je etwa 600 ml Inhalt:
4 mittelgroße Radicchioköpfe (etwa 1 kg)
1/4 l Aceto balsamico (Balsamessig)
1/4 l trockener Weißwein
1 kräftige Prise Meersalz
2 kleine unbehandelte Zitronen
etwa 600 ml Olivenöl, kaltgepreßt
1 EL weiße Pfefferkörner
Pro Glas etwa:
2900 kJ/690 kcal

- Haltbarkeit: etwa 3 Monate

1
Vom Radicchio die äußeren Blätter entfernen. Die Köpfe waschen und längs vierteln oder sechsteln. Den Strunk nicht herausschneiden.

2
Den Essig, 1/4 l Wasser, den Wein und das Salz zum Kochen bringen. Den Radicchio darin bei mittlerer Hitze zugedeckt etwa 5 Minuten kochen lassen. Dann herausheben und sehr gut abtropfen lassen.

3
Inzwischen die Zitronen heiß waschen und abtrocknen. Längs vierteln. Den Grill vorheizen.

4
Die Radicchio- und die Zitronenviertel in die Fettpfanne des Ofens geben und mit etwa 2 Eßlöffeln Öl bepinseln. Etwa 10 Minuten unter dem Grill erhitzen, bis sie schön gebräunt sind.

5
Mit den Pfefferkörnern in sterilisierte Gläser füllen (Seite 10) und so viel Öl angießen, daß sie davon bedeckt sind.

Zubereitungszeit: etwa 30 Minuten

TIP
Wenn Sie keinen Grill haben, können Sie den Radicchio auch in der Pfanne braten.

Champignons in Öl

Im Bild unten

Statt Champignons schmecken auch Egerlinge oder Shiitake-Pilze.

Kurzrezept
- Pilze in Essig-Wein-Sud kochen, gut abtropfen lassen
- Mit Kräutern und Gewürzen in Gläser schichten
- Mit Öl bedecken

Gelingt leicht

Zutaten für 2 Gläser von je etwa 1/2 l Inhalt:
1 kg kleine, feste Champignons
1/2 l Weißweinessig
1/4 l trockener Weißwein
1 kräftige Prise Meersalz
1 unbehandelte Zitrone
2 Lorbeerblätter
2 Zweige frischer Rosmarin
2 Gewürznelken
4–6 Wacholderbeeren
1 TL weiße Pfefferkörner
etwa 400 ml Olivenöl, kaltgepreßt
Pro Glas etwa:
2000 kJ/480 kcal

- Haltbarkeit: etwa 3 Monate

1
Die Pilze putzen, das heißt, die Stielenden abschneiden und die Hüte mit einem feuchten Tuch sauber abreiben.

2
Den Essig mit dem Wein und dem Salz zum Kochen bringen. Die Pilze darin etwa 10 Minuten köcheln lassen.

3
Die Pilze herausheben, auf einem Küchentuch ausbreiten und gründlich abtropfen lassen.

4
Inzwischen die Zitrone heiß waschen und abtrocknen. Die Schale spiralförmig dünn, ohne weiße Innenhaut, abschneiden. Die Lorbeerblätter und den Rosmarin waschen.

5
Die Pilze mit der Zitronenschale, den Kräutern und den Gewürzen in sterilisierte Gläser füllen (Seite 10). So viel Öl angießen, daß die Pilze ganz davon bedeckt sind.

Zubereitungszeit: etwa 40 Minuten

Saucen und Pasten

Scharfe Sache
Größere Mengen Chilischoten mit dem Wiegemesser oder im Mixer (nicht zu fein), kleinere mit einem Küchenmesser zerkleinern. Dazu dünne Gummihandschuhe tragen oder anschließend die Hände gründlich waschen, damit die Schärfe nicht an den Fingern haftenbleibt.

Gut trockentupfen
Damit Kräuter, Orangenschalenstreifen oder ähnliches im Öl nicht schimmeln, müssen sie nach dem Waschen sehr gut getrocknet werden. Dazu mit Küchenpapier trockentupfen und eventuell noch einige Zeit an der Luft trocknen lassen, bevor sie verwendet werden.

Ingwer schälen
Die braunen, wurzeligen Knollen am besten mit einem kleinen Messer schälen, so werden selbst winkelige Stellen gut erreicht. Danach die würzige Knolle je nach Rezept in Scheiben schneiden, hacken oder durch die Knoblauchpresse drücken.

Tomaten und Pfirsiche häuten
Tomaten und Pfirsiche am runden Ende kreuzförmig einritzen, in eine Schüssel legen und mit kochendem Wasser überbrühen. Etwa 1/2 Minute ziehen lassen, dann kalt abschrecken und die Häute abziehen. Vollreife Pfirsiche lassen sich ohne Überbrühen häuten.

Chutneys und Relishes
Die Zutaten für diese würzigen Pasten sind anfangs noch relativ flüssig. Beim Kochen sollen sie schön sämig werden. Rühren Sie immer wieder durch, und prüfen Sie die Konsistenz.

Hausmacher-Senf
Wichtig für ein gutes Gelingen sind vor allem ein würzig-aromatischer Sud und Senfmehl, das möglichst frisch gemahlen ist. Wichtig: Senf schmeckt ganz frisch zubereitet etwas bitter. Das gibt sich aber nach einigen Tagen.

Kräuter in Öl

Im Bild oben

Kräuter behalten in Öl eingelegt ihr volles Aroma. Sind die Kräuter aufgebraucht, bleibt ein wunderbar würziges Öl, das Sie zum Verfeinern von Salaten oder gedünstetem Gemüse verwenden können.

Kurzrezept

◢ Kräuter waschen, gut trockentupfen und eventuell zerkleinern
◢ In Gläser geben und mit Öl aufgießen

Gelingt leicht

Zutaten für 1 Glas von etwa 1/4 l Inhalt:
50 g Kräuter (gemischt oder nur eine Sorte)
etwa 200 ml Olivenöl, kaltgepreßt
Etwa: 1600 kJ/380 kcal

◢ Haltbarkeit: etwa 3 Monate

1

Die Kräuter waschen und gründlich trockentupfen (Seite 34). Dann die groben Stiele entfernen und die Kräuter nach Wunsch zerkleinern.

2

Die Kräuter in ein sterilisiertes Glas schichten (Seite 10) und mit so viel Olivenöl aufgießen, daß sie ganz davon bedeckt sind. Das Glas verschließen und die Kräuter mindestens 1 Woche ziehen lassen.

◢ TIP
Die Kräuter schmecken gut mit Nudeln und Ofenkartoffeln, eignen sich aber auch hervorragend zum Würzen von Fleischgerichten.

Zubereitungszeit: etwa 10 Minuten

Kräuter-Nuß-Paste

Im Bild unten

Diese Paste schmeckt gut als Sauce zu Nudeln oder als Brotaufstrich, eignet sich aber auch zum Verfeinern von Suppen und Eintöpfen.

Kurzrezept

◢ Petersilie waschen, Nüsse grob zerkleinern
◢ Im Mörser fein zerstoßen
◢ Mit Käse und Öl mischen und in Gläser füllen

Klassiker auf neue Art

Zutaten für 2 Gläser von je etwa 150 ml Inhalt:
4 große Bund Petersilie
100 g Haselnußkerne
50 g Parmesan, frisch gerieben
50 ml Haselnußöl
etwa 50 ml Sonnenblumenöl, kaltgepreßt
Meersalz
Pro Glas etwa: 3800 kJ/900 kcal

◢ Haltbarkeit: 3–4 Wochen

1

Die Petersilie waschen, die dicken Stiele entfernen. Die Nüsse hacken.

2

Beides im Mörser oder im Mixer fein zerkleinern.

Erst den Käse, dann nach und nach das Haselnuß- und das Sonnenblumenöl untermischen. Die Masse soll schön sämig sein. Mit Salz abschmecken und in sterilisierte Gläser füllen (Seite 10). Mit einer Schicht Sonnenblumenöl bedecken und im Kühlschrank aufbewahren.

Zubereitungszeit: etwa 20 Minuten

◢ TIP
Statt Petersilie schmecken auch Borretsch oder Basilikum sehr gut.

◢ KLASSIKER
Pesto alla genovese
4 große Bund Basilikum waschen und trocknen. 2–3 Knoblauchzehen schälen und fein hacken. Beides mit 100 g Pinienkernen in den Mörser geben und sehr gründlich zerkleinern. 50 g frisch geriebenen Parmesan untermengen. Dann nach und nach so viel kaltgepreßtes Olivenöl (etwa 100 ml) untermischen, bis die Paste dickflüssig ist. Salzen, in ein sterilisiertes Glas füllen und mit einer Ölschicht bedecken.

Feiner Senf

Die Zubereitung von Senf ist so einfach, daß Sie sich in Zukunft immer selbst Ihren persönlichen Lieblingssenf zubereiten können.

Kurzrezept
◢ Zwiebeln, Knoblauch, Apfel, Gewürze und Kräuter mit Essig kochen
◢ Senfmehl mit dem Sud verrühren
◢ In Gläser füllen und verschließen

Klassiker · Gelingt leicht

Zutaten für 3 Gläser von je etwa 175 ml Inhalt:
2 Zwiebeln
2 Knoblauchzehen
1 säuerlicher Apfel
1/2 l Apfelessig
einige Gewürznelken
2–3 Lorbeerblätter
einige Salbeiblätter
1 TL weiße Pfefferkörner
je 65 g feines braunes und gelbes Senfmehl
1 TL Meersalz

Pro Portion etwa:
460 kJ/110 kcal

◢ Haltbarkeit: mindestens 6 Monate

1
Die Zwiebeln und den Knoblauch schälen und halbieren. Den Apfel schälen, vierteln und das Kerngehäuse entfernen. Zwiebeln, Knoblauch und Apfel mit Essig, Nelken, Lorbeer- und Salbeiblättern sowie Pfefferkörnern in einen Topf geben und zum Kochen bringen. Die Mischung bei mittlerer Hitze zugedeckt etwa 15 Minuten köcheln lassen.

2
Beide Senfsorten mit dem Salz in eine Schüssel geben. Die kochende Essigmischung durch ein Sieb dazugießen, dabei ständig rühren. Die Mischung etwa 5 Minuten durchrühren, dann abkühlen lassen.

3
Den Senf in Steinguttöpfchen oder in sterilisierte Gläser (Seite 10) füllen und diese gut verschließen.

Zubereitungszeit: etwa 45 Minuten

◤TIP
Senfmehl bekommen Sie auf größeren Märkten am Gewürzstand, in Reformhäusern und in gut sortierten Lebensmittelgeschäften.

◤VARIANTE
Estragonsenf
150 ml Weißweinessig mit 1/4 l trockenem Weißwein oder Cidre und 1 Eßlöffel Zucker köcheln lassen. Dann 1 Eßlöffel sehr fein gehackten, frischen Estragon und 1 Teelöffel Salz untermischen. 100 g feines gelbes Senfmehl und 1 Eßlöffel gelbe Senfkörner unter den Essigsud mischen und alles etwa 5 Minuten verrühren. Dann in Gläser füllen und diese sofort verschließen (Seite 10). Einige Tage ruhen lassen (Seite 34).

Tomatenketchup

Im Bild rechts

Im Hochsommer, wenn es sonnengereifte, aromatische Tomaten preiswert zu kaufen gibt, lohnt es sich, sie einzukochen.

Kurzrezept

◢ Tomaten häuten und pürieren

◢ Knoblauch, Gewürze und Kräuter fein zerkleinern

◢ Alles mit Essig musig einkochen lassen

Klassiker

Zutaten für 2 Flaschen von je etwa 1/2 l Inhalt:
1 kg Tomaten
4 Knoblauchzehen
2 frische rote Chilischoten
1/2 Bund frischer Thymian
1/2 Bund Basilikum
2 EL Olivenöl, kaltgepreßt
1/4 l Weißweinessig
2 EL Zucker
1 TL weiße Pfefferkörner
1 Stück Zimtstange
2 Gewürznelken
Meersalz
Olivenöl zum Bedecken
Pro Flasche etwa:
990 kJ/240 kcal

◢ Haltbarkeit:
etwa 6 Monate

1
Die Tomaten überbrühen, häuten (Seite 34) und würfeln, dabei von den Stielansätzen befreien.

2
Die Knoblauchzehen schälen und grob zerkleinern. Die Chilischoten waschen, putzen und längs halbieren. Die Hälften kalt abspülen und hacken. Anschließend die Hände waschen (Seite 34). Die Kräuter waschen. Die Thymianblättchen von den Stielen streifen, die Basilikumblätter fein hacken.

3
Das Öl in einem Topf erhitzen. Den Knoblauch, die Chilischoten und die Kräuter kurz darin andünsten. Die Tomaten, den Essig, den Zucker, die Pfefferkörner, die Zimtstange und die Nelken hinzufügen und alles bei mittlerer Hitze unter Rühren etwa 40 Minuten kochen lassen, bis die Masse musig ist.

4
Das Mus durch ein feines Sieb drücken. Noch einmal in den Topf geben, mit Salz würzen und einmal aufkochen lassen. In heiß ausgespülte Flaschen füllen (Seite 10), mit einem dünnen Ölfilm bedecken und verschließen.

**Zubereitungszeit:
etwa 1 1/4 Stunden**

Tomaten-Meerrettich-Creme

Im Bild links

Die Creme schmeckt sowohl als pikante Beilage zu gekochtem Fleisch oder Fisch, wie auch als raffinierter Brotaufstrich.

Kurzrezept

◢ Tomaten und Meerrettich im Mixer pürieren

◢ Zucker, Salz und Essig untermixen, in Gläser füllen

Schnell

Zutaten für 2 Gläser von je etwa 200 ml Inhalt:
2 Tomaten (etwa 200 g)
1–2 Stangen frischer Meerrettich (etwa 200 g)
3 EL Zucker
Meersalz
100 ml Rotweinessig
Pro Glas etwa:
700 kJ/170 kcal

◢ Haltbarkeit:
etwa 3 Monate

1
Die Tomaten überbrühen und häuten (Seite 34). Die Tomaten würfeln, dabei die Stielansätze und die Kerne entfernen.

2
Den Meerrettich mit dem Sparschäler schälen und in kleine Würfel schneiden. Mit den Tomaten im Mixer fein pürieren (Seite 86). Den Zucker,

etwas Salz und den Essig dazugeben und alles nochmals mixen.

3
Die Paste abschmecken, dann in sterilisierte Gläser füllen (Seite 10). Die Gläser verschließen und kühl aufbewahren.

**Zubereitungszeit:
etwa 20 Minuten**

◢ VARIANTE
Rote-Bete-Meerrettich-Creme
200 g rote Beten waschen und in kochendem Wasser weich kochen. Kalt abschrecken, schälen und würfeln. 200 g frische Meerrettichwurzel schälen und in kleine Würfel schneiden. Beides mit 2 Eßlöffeln Zucker und 1/8 l mildem Rotweinessig im Mixer sehr fein zerkleinern. In sterilisierte Gläser füllen und verschließen.

Scharfe Basilikumsauce

Im Bild oben

Chilischoten und Kräuter saugen nach der Zubereitung noch Öl auf. Deshalb nach einigen Tagen kontrollieren und eventuell Öl nachgießen.

Kurzrezept
◢ Chilies mit Salz und Essig ziehen lassen
◢ Mit Pfeffer, Zitronenschale und Wasser kochen lassen
◢ Basilikum und Öl untermischen

Raffiniert

Zutaten für 4 Gläser von je etwa 1/4 l Inhalt:
250 g frische rote Chilischoten
1/2 EL Meersalz
4 EL Aceto balsamico (Balsamessig)
5 Bund Basilikum
1 unbehandelte Zitrone
2 EL grüne Pfefferkörner
etwa 300 ml Olivenöl, kaltgepreßt
Pro Glas etwa:
2400 kJ/570 kcal

◢ Haltbarkeit:
etwa 3 Monate

1
Die Chilischoten waschen und abtrocknen. Von den Stielansätzen befreien und sehr fein zerkleinern. Anschließend die Hände waschen (Seite 34).

2
Die Schoten mit dem Salz und dem Aceto balsamico in einer Schüssel mischen und zugedeckt etwa 12 Stunden ziehen lassen.

3
Dann das Basilikum waschen, von den groben Stielen befreien und sehr fein zerkleinern. Die Zitrone waschen und abtrocknen. Die Schale dünn (ohne die weiße Innenhaut) abschälen und sehr fein hacken.

4
Die Chilischoten mit dem grünen Pfeffer, der Zitronenschale und 50 ml Wasser in einen Topf geben, zum Kochen bringen und etwa 10 Minuten köcheln lassen. Das Basilikum untermischen und alles weitere 5 Minuten kochen lassen. Etwas abkühlen lassen.

5
250 ml Öl untermischen. Die Sauce in sterilisierte Gläser füllen (Seite 10). Mit dem übrigen Öl begießen und verschließen. Mindestens 1 Woche durchziehen lassen.

Zubereitungszeit: etwa 1 Stunde (dazu etwa 12 Stunden Ruhezeit)

Scharfe Ingwersauce

Im Bild unten

Die Sauce schmeckt gut zu allen asiatischen Gerichten, aber auch zu gegrilltem Fleisch.

Kurzrezept
◢ Knoblauch, Ingwer und Chilischoten fein hacken
◢ Mit Zucker, Essig und Wasser sämig einkochen lassen, salzen
◢ In Flaschen füllen und verschließen

Exotisch

Zutaten für 3 Flaschen von je etwa 200 ml Inhalt:
5 Knoblauchzehen
100 g Ingwerwurzel
300 g frische rote Chilischoten
300 g Zucker
1/4 l Reisessig (Asienladen) oder ein anderer milder Essig
Meersalz
Pro Flasche etwa:
2000 kJ/480 kcal

◢ Haltbarkeit:
etwa 6 Monate

1
Die Knoblauchzehen schälen. Den Ingwer ebenfalls schälen (Seite 34) und in Scheiben schneiden. Den Knoblauch und den Ingwer sehr fein hacken.

2
Die Chilischoten waschen, trockentupfen und von den Stielansätzen befreien. Dann mit einem Wiegemesser portionsweise fein zerkleinern. Anschließend die Hände waschen (Seite 34).

3
Knoblauch, Ingwer und Chilischoten mit Zucker, Essig und etwa 300 ml Wasser in einen Topf geben. Salzen und zum Kochen bringen. Die Sauce zugedeckt bei mittlerer Hitze etwa 30 Minuten kochen lassen, bis sie leicht sämig ist. Dabei immer wieder umrühren.

4
Die Sauce in sterilisierte Flaschen füllen (Seite 10). Die Flaschen verschließen.

Zubereitungszeit: etwa 1 1/4 Stunden

◢ TIP
In Glasmärkten gibt es kleine Flaschen mit Bügelverschluß, die sich besonders gut zum Aufbewahren von Saucen eignen. Sie können aber auch andere kleine Flaschen nehmen und mit Korken verschließen.

Pikante Zwetschgensauce

Im Bild oben

Eine fruchtig-scharfe Sauce, die gut zu Fondue und Feuertopf, aber auch zu allen gegrillten Fleisch- und Wurstwaren schmeckt.

Kurzrezept
⊿ Zwetschgen, Knoblauch und Chilischote zerkleinern
⊿ Mit Zucker, Essig, Öl und Salz köcheln lassen
⊿ Fein pürieren, aufkochen lassen, in Gläser füllen, diese verschließen

Raffiniert

Zutaten für 2 Gläser von je etwa 300 ml Inhalt:
500 g Zwetschgen, geputzt gewogen
3 Knoblauchzehen
1 getrocknete Chilischote
150 g brauner Zucker
100 ml Reisessig (Asienladen) oder ein anderer milder Essig
2 EL Erdnußöl
Salz
Pro Glas etwa:
2200 kJ/520 kcal

⊿ Haltbarkeit: etwa 6 Monate

1
Die Zwetschgen waschen, abtrocknen, entsteinen und in kleine Würfel schneiden. Die Knoblauchzehen schälen und fein zerkleinern. Die Chilischote fein zerreiben, anschließend die Hände waschen (Seite 34).

2
Die Zwetschgen mit dem Knoblauch, der Chilischote, dem Zucker, dem Essig, dem Öl und etwas Salz in einem Topf mischen und zum Kochen bringen. Die Sauce zugedeckt bei mittlerer Hitze etwa 15 Minuten kochen lassen, dann mit dem Pürierstab fein zerkleinern.

3
Die Sauce noch einmal aufkochen lassen, dann in heiß ausgespülte Gläser füllen (Seite 10). Die Gläser sofort verschließen.

Zubereitungszeit: etwa 45 Minuten

Paprikapaste

Im Bild unten

Die Paprikapaste schmeckt ausgezeichnet als Brotaufstrich, aber auch zu Nudeln oder Kartoffeln.

Kurzrezept
⊿ Paprikaschoten rösten, häuten, mit Essig pürieren
⊿ Aufkochen lassen, mit Thymian und Salz würzen
⊿ In Gläser füllen und mit Öl bedecken

Braucht etwas Zeit

Zutaten für 4 Gläser von je etwa 1/4 l Inhalt:
1 kg rote und gelbe Paprikaschoten
400 ml Weißweinessig
1 Bund Thymian
Salz
Olivenöl zum Bedecken
Pro Glas etwa:
475 kJ/110 kcal

⊿ Haltbarkeit: etwa 6 Wochen

1
Den Backofen auf 220° vorheizen. Die Paprikaschoten waschen und längs halbieren. Die Stielansätze, die Kerne und die weißen Trennhäute entfernen. Die Schoten mit der Schnittfläche nach unten auf ein Backblech legen.

2
Die Schoten im Backofen (Mitte, Umluft 200°) etwa 30 Minuten backen, bis die Haut gebräunt ist und Blasen wirft. Die Schoten herausnehmen, mit einem feuchten Tuch bedecken und kurz ruhen lassen. Dann häuten und würfeln.

3
Die Würfel mit dem Essig im Mixer fein pürieren, dann in einem Topf etwa 5 Minuten kochen lassen, bis die Masse schön sämig ist.

4
Den Thymian waschen, die Blättchen abzupfen und unter die Paprikamasse mischen. Die Paste mit Salz würzen, in sterilisierte Gläser füllen (Seite 10) und mit einer dünnen Schicht Öl bedecken. Die Gläser verschließen und im Kühlschrank aufbewahren.

Zubereitungszeit: etwa 1 Stunde

Zitronenchutney

Dieses ungewöhnliche Chutney schmeckt zu indischen Gerichten, zum Beispiel ausgebackenem Gemüse, paßt aber auch zu gegrilltem Fleisch.

Kurzrezept

◢ Zwiebeln, Korinthen, Essig und Gewürze in einen Topf geben

◢ Zitronen hinzufügen, alles sämig einkochen lassen

◢ In Gläser füllen

Raffiniert

Zutaten für 6 Gläser von je etwa 1/4 l Inhalt:

250 g Zwiebeln

150 g Korinthen

300 g brauner Zucker

400 ml Reisessig (Asienladen) oder ein anderer milder Essig

1 TL weißer Pfeffer, frisch gemahlen

1 TL Kreuzkümmelsamen (Asienladen)

Meersalz

8 unbehandelte Zitronen (etwa 1,3 kg)

Pro Glas etwa:
1600 kJ/380 kcal

◢ Haltbarkeit:
etwa 1 Jahr

1

Die Zwiebeln schälen, fein hacken und mit den Korinthen, dem Zucker, dem Essig und den Gewürzen in einen Topf geben.

2

Die Zitronen unter heißem Wasser gut abwaschen, abtrocknen und mit der Schale in Scheiben schneiden. Dabei von den Enden und den Kernen befreien. Die Zitronenscheiben vierteln und mit 1/4 l Wasser in den Topf geben.

3

Die Mischung zum Kochen bringen, dann zugedeckt bei schwacher Hitze etwa 1 1/2 Stunden köcheln lassen, bis sie schön sämig ist. Dabei relativ häufig durchrühren, damit nichts anbrennt (Seite 34).

4

Das Zitronenchutney in heiß ausgespülte Gläser füllen (Seite 10). Die Gläser sofort verschließen.

**Zubereitungszeit:
etwa 2 Stunden**

◢ VARIANTEN

Dieses Chutney schmeckt auch mit anderen Zitrusfrüchten gut. Achten Sie aber bitte darauf, daß die Früchte eine unbehandelte Schale haben, da sie ja mitverwendet wird. Gut schmecken Kumquats, Orangen und Limetten.

Noch kräftiger schmeckt das Chutney, wenn Sie es zusätzlich mit 1 Teelöffel Bockshornkleesamen, 1 Eßlöffel Cayennepfeffer oder 2 zerkleinerten frischen Chilischoten und 2 Teelöffeln schwarzen Senfkörnern würzen. Korinthen können Sie durch andere getrocknete Früchte, zum Beispiel auch Exoten wie Mangos, ersetzen.

◢ GRUNDREZEPT
Chutney

Chutneys werden immer mit Essig und Zucker relativ lange gekocht, wodurch sie gut haltbar bleiben. Auf etwa 2 kg geputztes Gemüse und/oder Obst rechnet man 300 g Zucker und 1/4 l Essig. Die meisten Chutneys werden zusätzlich mit Rosinen und manchmal mit Chilischoten gekocht. Klassische Chutneys bereitet man aus Tomaten, Mangos, Äpfeln und Ananas beziehungsweise aus Kombinationen daraus zu. Chutneys stammen ursprünglich aus Indien und werden zu Gemüse, Fleisch und Reis serviert. Sie schmecken aber auch gut zu Fondues.

Rote-Bete-Chutney

Im Bild oben

Das Chutney schmeckt auch als Brotaufstrich köstlich.

Kurzrezept

◢ Rote Bete, Äpfel, Zwiebeln und Zitronen kleinschneiden
◢ Mit Zucker, Essig und Gewürzen sämig einkochen lassen
◢ Abschmecken und in Gläser füllen

Braucht etwas Zeit

Zutaten für 5 Gläser von je etwa 1/4 l Inhalt:

750 g Rote Bete	
500 g säuerliche Äpfel	
250 g Zwiebeln	
2 Zitronen	
250 g Zucker	
400 ml Rotweinessig	
1 TL Kreuzkümmel	
1 TL schwarzer Pfeffer, frisch gemahlen	
1 TL gemahlener Zimt	
Salz	
Cayennepfeffer	

Pro Glas etwa:
1200 kJ/290 kcal

◢ Haltbarkeit: etwa 1 Jahr

1
Die Rote Bete putzen, schälen und in sehr kleine Würfel schneiden. Die Äpfel ebenfalls schälen, vierteln und die Kerngehäuse entfernen. Die Viertel quer in Scheiben schneiden. Die Zwiebeln schälen und fein hacken. Die Zitronen mit einem scharfen Messer so schälen, daß auch die weiße Innenhaut entfernt wird. Das Fruchtfleisch in Scheiben schneiden, von den Kernen befreien und würfeln.

2
Diese Zutaten mit dem Zucker, dem Essig, dem Kreuzkümmel, dem Pfeffer und dem Zimt in einen Topf füllen und zum Kochen bringen. Das Chutney bei mittlerer bis schwacher Hitze etwa 1 1/2 Stunden garen, bis eine sämige Masse entstanden ist. Dabei häufig durchrühren (Seite 34).

3
Das Chutney eventuell noch mit Salz und Cayennepfeffer abschmecken, dann heiß in heiß ausgespülte Gläser füllen (Seite 10). Die Gläser sofort verschließen.

Zubereitungszeit: etwa 2 1/4 Stunden

Pfirsich-Tomaten-Chutney

Im Bild unten

Statt Pfirsichen schmecken auch Mangos.

Kurzrezept

◢ Pfirsiche, Tomaten, Knoblauch, Chilischoten, Ingwer und Aprikosen zerkleinern
◢ Alles mit Zucker, Essig und Salz sämig einkochen lassen
◢ In Gläser füllen

Für Gäste

Zutaten für 3 Gläser von je etwa 1/4 l Inhalt:

500 g Pfirsiche	
500 g reife Tomaten	
3–4 Knoblauchzehen	
2 frische grüne Chilischoten	
1 Stück frischer Ingwer	
50 g getrocknete, ungeschwefelte Aprikosen	
150 g Zucker	
1/8 l Weißweinessig	
Salz	

Pro Glas etwa:
1500 kJ/360 kcal

◢ Haltbarkeit: etwa 1 Jahr

1
Die Pfirsiche und die Tomaten mit kochendem Wasser überbrühen und häuten (Seite 34). Die Pfirsiche und die Tomaten fein zerkleinern, dabei die Steine und die Stielansätze entfernen.

2
Den Knoblauch schälen und fein hacken. Die Chilischoten waschen und putzen. Die Schotenhälften in etwa 1 cm große Stücke schneiden, anschließend die Hände waschen. Den Ingwer schälen und in dünne Scheiben schneiden (Seite 34). Die Aprikosen möglichst fein würfeln.

3
Diese Zutaten mit dem Zucker und dem Essig in einen Topf geben und zum Kochen bringen. Das Chutney salzen und zugedeckt bei mittlerer bis schwacher Hitze etwa 1 Stunde garen, bis es leicht sämig ist. Dabei immer wieder durchrühren (Seite 34).

4
Das Chutney heiß in heiß ausgespülte Gläser füllen (Seite 10). Die Gläser sofort verschließen.

Zubereitungszeit: etwa 1 1/2 Stunden

Schalotten-Orangen-Relish

Im Bild oben

Wer nicht gerne Estragon ißt, nimmt Minze oder Rosmarin.

Kurzrezept

- Schalotten, Estragon, Orangen und Zitrone würfeln
- Mit Zucker, Salz, Essig und Gewürzen dickflüssig einkochen lassen
- In Gläser füllen

Raffiniert

Zutaten für 2 Gläser von je etwa 375 ml Inhalt:

600 g Schalotten	
2–3 Zweige frischer Estragon	
3 mittelgroße Orangen (etwa 400 g; geputzt etwa 300 g)	
1/2 Zitrone	
250 g brauner Zucker	
Meersalz	
175 ml Weißweinessig	
1 Prise Zimtpulver	
1 TL indisches Currypulver	
1 Prise englisches Senfpulver	

Pro Glas etwa:
3000 kJ/710 kcal

- Haltbarkeit: etwa 6 Monate

1
Die Schalotten schälen und sehr fein hacken. Den Estragon waschen und die Blättchen fein hacken. Die Orangen und die Zitrone schälen, dabei auch die weiße Innenhaut mit abschneiden. Orangen und Zitrone in Scheiben schneiden, von den Kernen befreien und in kleine Würfel schneiden.

2
Schalotten, Orangen, Zitrone mit Estragon und Zucker, 1 Teelöffel Salz, Essig und Gewürzen in einen Topf geben und zum Kochen bringen. Das Relish bei mittlerer Hitze etwa 1 Stunde köcheln lassen, bis es dickflüssig ist (Seite 34).

3
Eventuell noch mit Salz und Senfpulver abschmecken, dann in heiß ausgespülte Gläser füllen (Seite 10). Die Gläser sofort verschließen.

Zubereitungszeit: etwa 1 3/4 Stunden

Preiselbeer-Relish

Im Bild unten

Relishes schmecken zu Fleisch und Fisch. Versuchen Sie sie auch einmal so: Toast rösten, dünn mit Butter und mit Relish bestreichen.

Kurzrezept

- Zwiebeln fein hacken, Preiselbeeren waschen
- Mit Zucker, Essig und Gewürzen kochen
- In Gläser füllen und verschließen

Würzig

Zutaten für 2 Gläser von je etwa 450 ml Inhalt:

250 g rote Zwiebeln	
750 g Preiselbeeren	
200 g brauner Zucker	
200 ml Rotweinessig	
Cayennepfeffer	
1 TL Meersalz	

Pro Glas etwa:
2400 kJ/570 kcal

- Haltbarkeit: etwa 6 Monate

1
Die Zwiebeln schälen und sehr fein hacken. Die Preiselbeeren verlesen, in einem Sieb waschen und mit Küchenpapier gut trockentupfen.

2
Die Zwiebeln und die Preiselbeeren mit dem Zucker, dem Essig, 1 kräftigen Prise Cayennepfeffer und dem Salz erhitzen.

3
Das Relish bei mittlerer Hitze etwa 45 Minuten köcheln lassen, bis es dickflüssig wird. Noch heiß in heiß ausgespülte Gläser füllen (Seite 10). Die Gläser sofort verschließen.

Zubereitungszeit: etwa 1 1/4 Stunden

VARIANTE
Statt Preiselbeeren fein zerkleinerten Rhabarber nehmen, dann brauchen Sie etwa 50 g mehr Zucker.

GRUNDREZEPT
Relish
Diese indisch inspirierte Spezialität aus England wird ähnlich wie ein Chutney zubereitet, allerdings müssen die Zutaten feiner zerkleinert werden, und Relishes enthalten in der Regel nicht so viele Zutaten wie Chutneys. Die meisten Kombinationen enthalten zu gleichen Teilen Zwiebeln und Gurken oder Früchte, wie Preiselbeeren. Auf 1 kg geputztes Gemüse und Obst gibt man 200–250 g Zucker und 1/4 l Essig.

Konfitüren und Gelees

Konfitüre: Frucht und Zucker...
Für Konfitüren die Früchte je nach Rezept vorbereiten und zerkleinern. Dann im Topf mit dem Gelierzucker gründlich mischen und so lange stehenlassen, bis sich reichlich Saft gebildet hat.

... kochen und rühren
Die Mischung zum Kochen bringen. Dabei ständig rühren. Den Schaum, der sich dabei bildet, nach Wunsch abschöpfen. Oder die Konfitüre nach dem Kochen vom Herd ziehen und so lange weiterrühren, bis der Schaum wieder verschwindet.

Gelierprobe nicht vergessen!
Im Rezept finden Sie die Angabe für die Kochzeit. Die kann aber auch einmal variieren. So stellen Sie fest, ob die Masse lange genug gekocht hat: Einen Teelöffel Konfitüre auf einen kalten Teller geben. Wird sie gleich fest, ist sie fertig.

Gelee: Früchte kochen ...
Für Gelee brauchen Sie den Saft der Früchte. Die Früchte dafür vorbereiten und in einen Topf geben (je nach Rezept mit Wasser). Die Früchte kochen, bis sich reichlich Saft bildet. Das dauert etwa 4 Minuten.

... Saft auspressen
Ein Sieb mit einem Mulltuch auskleiden, über eine Schüssel hängen. Früchte und Saft hineingießen. So lange abtropfen lassen, bis die Früchte nicht mehr zu heiß sind, dann das Tuch fest zusammendrehen und den Saft auspressen. Saft und Zucker mischen, kochen.

Ananas vorbereiten
Stiel- und Blütenansatz abschneiden, die Frucht spiralförmig mit einem scharfen Messer schälen, dabei keilförmig die »Augen« entfernen. Die Ananas dann beliebig zerkleinern, dabei den harten Strunk in der Mitte entfernen.

Gemischte Beeren-Konfitüre

Im Bild oben

Ein ganz besonderes Aroma bekommt die Konfitüre, wenn Sie etwas Rosenwasser (aus der Apotheke) unter die Beeren mischen.

Kurzrezept

◢ Beeren verlesen und eventuell zerkleinern
◢ Mit Gelierzucker mischen und Saft ziehen lassen
◢ Kochen und in Gläser füllen

Sommerlich

Zutaten für 8 Gläser von je etwa 1/4 l Inhalt:
1 kg gemischte Beeren (zum Beispiel Himbeeren, Erdbeeren, Stachelbeeren und Heidelbeeren oder schwarze Johannisbeeren)
1 kg Gelierzucker
eventuell etwas Zitronensaft
Pro Glas etwa:
1800 kJ/430 kcal

◢ Haltbarkeit:
etwa 1 Jahr

1
Die Beeren gründlich verlesen, eventuell waschen und von den Stielen befreien. Größere Früchte, wie zum Beispiel Erdbeeren, mit einer Gabel oder dem Kartoffelstampfer etwas zerdrücken.

2
Die Beeren in einem großen Topf mit dem Gelierzucker gründlich mischen und zugedeckt 1–2 Stunden stehenlassen, bis sich Saft gebildet hat (Seite 52).

3
Je nach Süße der Früchte eventuell etwas Zitronensaft untermischen. Die Früchte unter ständigem Rühren zum Kochen bringen.

4
Die Konfitüre etwa 3 Minuten kochen lassen. Dabei den Schaum abschöpfen. Die Gelierprobe machen (Seite 52).

5
Wenn die Konfitüre genügend geliert, in heiß ausgespülte Gläser füllen (Seite 10) und diese sofort verschließen.

Zubereitungszeit: etwa 30 Minuten (dazu 1–2 Stunden Ruhezeit)

Roh gerührte Erdbeerkonfitüre

Im Bild unten

Da ungekochte Konfitüren nicht so lange haltbar sind, werden sie immer nur in kleinen Mengen zubereitet. Auch nicht angebrochene Gläser sollten Sie im Kühlschrank lagern.

Kurzrezept

◢ Erdbeeren waschen und fein zerkleinern
◢ Mit Gelierzucker mixen
◢ In Gläser füllen

Schmeckt Kindern

Zutaten für 2 Gläser von je etwa 300 ml Inhalt:
300 g Erdbeeren
300 g Gelierzucker
Pro Glas etwa:
2100 kJ/500 kcal

◢ Haltbarkeit:
etwa 6 Wochen

1
Die Erdbeeren waschen, abtrocknen und die Stielenden entfernen. Die Beeren in kleine Stücke schneiden.

2
Die Erdbeeren mit dem Gelierzucker in den Mixer geben und bei höchster Stufe etwa 10 Minuten durchmixen, bis die Masse hell und fest wird. Sie können die Beeren auch zerdrücken und mit dem Handrührgerät schlagen; das dauert dann aber mindestens 30 Minuten. Die Marmelade in sterilisierte Gläser füllen (Seite 10) und verschlossen im Kühlschrank aufbewahren.

Zubereitungszeit: etwa 30 Minuten

◢ GRUNDREZEPT
Roh gerührte Konfitüre
Rohe Früchte und Gelierzucker werden zu gleichen Teilen im Mixer etwa 10 Minuten gut durchgemixt, bis die Masse bindet. Sie können alle Früchte nehmen, die roh schmecken und sich leicht zerkleinern lassen, also alle Beeren außer Preisel- und Holunderbeeren (letztere sind roh sogar unverträglich), Mango, Banane, Pfirsich und Aprikose, Kirschen und Feigen. Weniger geeignet sind Äpfel, Birnen und Zwetschgen.
Übrigens: Wenn Sie die Konfitüre nicht innerhalb von 6 Wochen essen können, frieren Sie doch einfach einen Teil davon ein.

Ananaskonfitüre

Wenn Sie Agar-Agar verwenden, brauchen Sie nur etwa die Hälfte Zucker. Da die Konfitüre allerdings auch nicht so lange haltbar ist, sollten Sie sie immer in kleinen Mengen zubereiten und kühl aufbewahren.

Kurzrezept

▲ Ananas mit Zitronensaft und Zucker mischen und ziehen lassen
▲ Agar-Agar anrühren und untermischen
▲ Kochen und in Gläser füllen

Exotisch

Zutaten für 2 Gläser von je etwa 300 ml Inhalt:
1 mittelgroße Ananas von etwa 1,2 kg (geputzt gewogen etwa 500 g)
Saft von 1 Zitrone
250 g Zucker
1 gestrichener TL Agar-Agar
Pro Glas etwa:
2800 kJ/670 kcal

▲ Haltbarkeit:
mindestens 3 Monate

1
Die Ananas in Scheiben schneiden. Die Scheiben schälen, dabei auch alle »Augen« entfernen. Den harten Strunk aus der Mitte herausschneiden (Seite 52), das Fruchtfleisch sehr klein würfeln.

2
Die Ananas mit dem Zitronensaft und dem Zucker mischen und zugedeckt etwa 2 Stunden stehenlassen, bis sich Saft gebildet hat (Seite 52). Dann mit einem Kartoffelstampfer fein zerdrücken.

3
Einige Eßlöffel vom Saft, der sich gebildet hat, in ein Schälchen geben und das Agar-Agar darin anrühren.

4
Das Ananasmus zum Kochen bringen. Das Agar-Agar einrühren und alles etwa 2 Minuten kochen lassen.

5
Die Konfitüre heiß in heiß ausgespülte Gläser füllen (Seite 10). Die Gläser sofort verschließen.

**Zubereitungszeit:
etwa 30 Minuten (dazu etwa 2 Stunden Ruhezeit)**

▲ TIP
Agar-Agar ist ein rein pflanzliches Geliermittel, das vor allem in der Vollwertküche statt Gelatine verwendet wird. Auch für die Zubereitung von Gelee und Konfitüre ist es gut geeignet. Von Vorteil ist, daß man weniger Zucker braucht als gewöhnlich. Grundsätzlich gilt: Sie brauchen 1 Teelöffel Agar-Agar auf 1/2 l Saft oder 500 g zerkleinerte Früchte.
Wer möchte, kann statt Zucker die gleiche Menge flüssigen Honig, Sirup (zum Beispiel Ahornsirup) beziehungsweise Apfel- oder Birnendicksaft nehmen.

Pfirsichkonfitüre mit Rosmarin

Im Bild oben

Kurzrezept

⌐ Pfirsiche mit Zucker vermischen, ziehen lassen
⌐ Pürieren, Rosmarin und Zitronensaft dazugeben
⌐ Kochen und in Gläser füllen

Raffiniert

Zutaten für 8 Gläser von je etwa 1/4 l Inhalt:
1,4 kg reife Pfirsiche (geputzt gewogen 1 kg)
1 kg Gelierzucker
2 Zweige frischer Rosmarin
1 unbehandelte Zitrone
einige Tropfen Bittermandelöl (höchstens 1/4 Röhrchen)
Pro Glas etwa: 1800 kJ/430 kcal

⌐ Haltbarkeit: etwa 1 Jahr

1
Die Pfirsiche mit kochendem Wasser überbrühen und häuten (Seite 34). Die Pfirsiche halbieren, dabei die Steine entfernen.

2
Die Pfirsichhälften in sehr kleine Würfel schneiden. In einem Topf mit dem Gelierzucker mischen und zugedeckt minde-stens 2 Stunden ziehen lassen, bis sich reichlich Saft gebildet hat. Dann mit dem Pürierstab grob durcharbeiten.

3
Den Rosmarin waschen und die Nadeln von den Stielen zupfen. Von der Zitrone etwa die Hälfte der Schale dünn (ohne weiße Innenhaut) ab-schneiden und zusam-men mit dem Rosmarin fein hacken. Die Zitrone auspressen.

4
Den Rosmarin, die Zitro-nenschale und den -saft sowie das Bittermandelöl zu den Pfirsichen geben und alles unter Rühren zum Kochen bringen. Die Konfitüre offen bei mitt-lerer Hitze etwa 3 Minu-ten kochen lassen. Die Gelierprobe machen (Seite 52).

5
Die Konfitüre heiß in heiß ausgespülte Gläser füllen (Seite 10). Die Glä-ser sofort verschließen.

Zubereitungszeit: etwa 40 Minuten (dazu mindestens 2 Stunden Ruhezeit)

Sauerkirsch-konfitüre mit Vanille

Im Bild unten

Sauerkirschen gibt es nur kurze Zeit im Jahr. Die Konfitüre schmeckt auch mit süßen Kirschen, dann sollten Sie aller-dings mehr Zitronensaft untermischen.

Kurzrezept

⌐ Kirschen entsteinen, halbieren
⌐ Mit Vanilleschoten, -mark und Gelier-zucker vermischen, ziehen lassen
⌐ Kochen und in Gläser füllen

Besonders aromatisch

Zutaten für 8 Gläser von je etwa 1/4 l Inhalt:
1,5 kg Sauerkirschen
2 Vanilleschoten
1 kg Gelierzucker
Saft von 1/2 Zitrone
Pro Glas etwa: 1900 kJ/450 kcal

⌐ Haltbarkeit: etwa 1 Jahr

1
Die Kirschen waschen, abtropfen lassen und entsteinen. Die Vanille-schoten längs aufschlit-zen und das Mark mit einem spitzen Messer herauskratzen. Das Mark und die Schoten mit den Kirschen in einen Topf geben. Mit dem Gelier-zucker mischen und etwa 2 Stunden ziehen lassen, bis sich Saft gebildet hat (Seite 52).

2
Den Zitronensaft zu den Kirschen geben. Die Kon-fitüre unter Rühren zum Kochen bringen. Dann bei mittlerer Hitze etwa 3 Minuten kochen las-sen. Die Gelierprobe machen (Seite 52).

3
Die Konfitüre heiß in heiß ausgespülte Gläser füllen (Seite 10). Die Glä-ser sofort verschließen.

Zubereitungszeit: etwa 30 Minuten (dazu etwa 2 Stunden Ruhezeit)

⌐ GRUNDREZEPT
Gekochte Konfitüre
Sie wird im gleichen Ver-hältnis zubereitet wie die roh gerührte Konfitüre, also Früchte und Gelier-zucker 1:1. Durch das Ko-chen bleibt sie allerdings etwa 1 Jahr haltbar. Mit weniger Zucker verringert sich die Haltbarkeit. Für diejenigen, die weniger Zucker nehmen wollen, gibt es im Handel Light-Produkte. Lesen Sie dazu die Packungsvor-schriften und zudem den Text auf Seite 8.

Brombeergelee mit Apfelstückchen

Gelee wird immer aus Fruchtsaft hergestellt. Sie können also auch einmal fertig gekauften Saft nehmen, vorausgesetzt, er ist naturtrüb und nicht gesüßt.

Kurzrezept

◣ Brombeeren kochen, Saft auspressen
◣ Äpfel würfeln
◣ Brombeersaft, Äpfel, Zitronensaft und Gelierzucker gründlich mischen
◣ Kochen und in Gläser füllen

Schmeckt Kindern

Zutaten für 8 Gläser von je etwa 1/4 l Inhalt:
1 kg Brombeeren
2 säuerliche Äpfel (geputzt gewogen 250 g)
Saft von 1 Zitrone
1 kg Gelierzucker
Pro Glas etwa:
1900 kJ/450 kcal

◣ Haltbarkeit: etwa 1 Jahr

1

Die Brombeeren waschen und abtropfen lassen. Mit 1/4 l Wasser zum Kochen bringen. Bei schwacher Hitze etwa 4 Minuten köcheln lassen, bis sich reichlich Saft gebildet hat.

2

Die Beeren durch ein Mulltuch passieren, den Saft dabei auffangen. Das Tuch zusammendrehen, damit der Saft austritt (Seite 52).

3

Den Brombeersaft abmessen; es sollen etwa 3/4 l sein. Gegebenenfalls mit Wasser auffüllen.

4

Die Äpfel schälen, vierteln und die Kerngehäuse entfernen. Die Apfelviertel in sehr kleine Würfel schneiden und mit dem Zitronensaft mischen.

5

Den Brombeersaft und die Äpfel mit dem Gelierzucker in einem Topf mischen und unter Rühren zum Kochen bringen. Alles etwa 3 Minuten bei mittlerer Hitze kochen lassen. Die Gelierprobe machen (Seite 52).

6

Das Gelee heiß in heiß ausgespülte Gläser füllen (Seite 10). Die Gläser sofort verschließen.

Zubereitungszeit: etwa 45 Minuten

TIP

Wenn Sie eine Saftpresse haben, können Sie auch Saft selbst konservieren. Früchte wie Äpfel oder Trauben auspressen, den Saft in einem Topf einmal aufkochen lassen und kochend heiß in heiß ausgespülte Flaschen (gut geeignet sind Milchflaschen mit Schraubverschluß) füllen (Seite 10). Die Flaschen sofort verschließen. Der Saft hält sich etwa 1 Jahr.

GRUNDREZEPT
Gelee

Nimmt man statt Früchten Saft, bekommt man Gelee. Auf 1 l Fruchtsaft 1 kg Gelierzucker verwenden. Sie können den Saft entweder selbst pressen (Seite 52) oder fertig kaufen. Dann aber immer nur naturreinen, ungesüßten Saft nehmen. Gelee kann man aus allen Früchten herstellen, weniger saftige Früchte müssen in etwas Flüssigkeit gekocht werden, um ausreichend Saft zu bekommen.

Kiwigelee mit Mango

Im Bild oben

Kurzrezept

- Kiwis in Scheiben schneiden, mit Wasser aufkochen lassen
- Saft ausdrücken
- Kiwisaft mit Gelierzucker zum Kochen bringen
- Mangowürfel untermischen
- Gelee kochen und in Gläser füllen

Exotisch

Zutaten für 8 Gläser von je etwa 1/4 l Inhalt:

1 kg Kiwis

1 Mango

1 kg Gelierzucker

Pro Glas etwa:
1900 kJ/450 kcal

- Haltbarkeit:
  etwa 1 Jahr

1

Die Kiwis schälen und halbieren. Den zähen Stielansatz aus der Mitte herausschneiden. Die Kiwis vierteln, dann quer in Scheiben schneiden.

2

Die Kiwis mit 1/4 l Wasser zum Kochen bringen. Die Mischung etwa 4 Minuten bei schwacher Hitze köcheln lassen, bis sich reichlich Saft gebildet hat.

3

Die Kiwis durch ein Mulltuch passieren. Das Tuch oben etwas zusammendrücken, damit aller Saft austritt (Seite 52). Den Saft mit Wasser auf 3/4 l Flüssigkeit auffüllen.

4

Die Mango schälen, das Fruchtfleisch vom Stein schneiden und sehr klein würfeln.

5

Den Kiwisaft mit dem Gelierzucker in einem Topf mischen, zum Kochen bringen. Die Mangowürfel untermischen, und alles bei mittlerer Hitze etwa 3 Minuten kochen lassen. Die Gelierprobe machen (Seite 52).

6

Das fertige Gelee heiß in vorbereitete Gläser füllen (Seite 10). Die Gläser sofort verschließen.

**Zubereitungszeit:
etwa 45 Minuten**

Blutorangengelee mit Minze

Im Bild unten

Eine fein-herbe Geleevariante, die auch mit hellem Orangensaft schmeckt.

Kurzrezept

- Orangensaft mit Gelierzucker mischen
- Zitronenschale hacken und hinzufügen
- Gelee kochen
- Mit gehackter Minze mischen und in Gläser füllen

Schnell

Zutaten für 8 Gläser von je etwa 1/4 l Inhalt:

1 l Blutorangensaft, frisch gepreßt (von etwa 2,5 kg Orangen)

1 kg Gelierzucker

1/2 unbehandelte Zitrone

10 Zweige frische Minze

Pro Glas etwa:
1800 kJ/430 kcal

- Haltbarkeit:
  etwa 1 Jahr

1

Den Blutorangensaft mit dem Gelierzucker in einem Topf mischen und einige Minuten stehenlassen, bis sich der Zucker fast aufgelöst hat.

2

Die Zitrone waschen, abtrocknen und die Schale ganz dünn (ohne weiße Innenhaut) abschälen, fein hacken und zum Blutorangensaft geben. Die Minze waschen. Die Blättchen fein hacken. Zugedeckt beiseite stellen.

3

Den Blutorangensaft unter Rühren zum Kochen bringen. Dann unter weiterem Rühren etwa 3 Minuten kochen lassen. Die Gelierprobe machen (Seite 52). Die Minze untermischen und das Gelee heiß in vorbereitete Gläser füllen (Seite 10). Die Gläser sofort verschließen.

**Zubereitungszeit:
etwa 20 Minuten**

- VARIANTE
Grapefruitgelee mit Mandeln
25 g Mandelblättchen ohne Fett unter Rühren goldgelb rösten, abkühlen lassen und grob hacken. 1 l Grapefruitsaft (aus gelben und rosa Grapefruits) mit 1 kg Gelierzucker und 1/2 Teelöffel gemahlener Vanille (Reformhaus) verrühren. Zum Kochen bringen und die Mandeln untermengen. Etwa 3 Minuten kochen lassen, dann in vorbereitete Gläser füllen (Seite 10), diese verschließen.

Quittenmus

Quitten gibt es ab Oktober aus heimischer Ernte zu kaufen. Am besten besorgen Sie sie im Naturkostladen oder bei einem sehr guten Gemüsehändler, denn inzwischen werden viele Quitten angeboten, die kaum Aroma haben.

Kurzrezept

◢ Quitten schälen, zerteilen und mit Gewürzen ganz weich garen
◢ Zerdrücken, mit Zitronensaft und Gelierzucker mischen
◢ Nochmals kochen und in Gläser füllen

Braucht etwas Zeit

Zutaten für 4 Gläser von je etwa 3/8 l Inhalt:

| 2 kg Quitten (geputzt gewogen etwa 1,4 kg) |
| 1/2 Zimtstange |
| 2 Gewürznelken |
| Saft von 1 Zitrone |
| 500 g Gelierzucker |

Pro Glas etwa:
2100 kJ/500 kcal

◢ Haltbarkeit: mindestens 3 Monate

1

Die Quitten schälen, halbieren, und die Kerngehäuse entfernen (Seite 72). Die Quitten in kleine Stücke schneiden. Einige Quittenkerne mit dem Zimt und den Gewürznelken in ein Mulltuch binden und zu den Quitten geben.

2

300 ml Wasser dazugeben und alles zum Kochen bringen. Die Quitten bei sehr schwacher Hitze zugedeckt etwa 1 1/2 Stunden garen, bis sie ganz weich sind. Dabei immer wieder umrühren, damit sie nicht anbrennen.

3

Das Mulltuch mit den Gewürzen entfernen. Die Quitten mit dem Kartoffelstampfer zerdrücken. Den Zitronensaft und den Gelierzucker hinzufügen und das Mus nochmals zum Kochen bringen. Unter Rühren etwa 5 Minuten kochen. Das Mus dann sofort in sterilisierte Gläser füllen (Seite 10). Die Gläser verschließen und kühl aufbewahren.

Zubereitungszeit: etwa 2 Stunden

◢ VARIANTE
Zwetschgenmus

2 kg aromatische Zwetschgen waschen, abtrocknen und in kleine Würfel schneiden. Dabei die Steine entfernen. Die Zwetschgen in einen großen Topf geben und erhitzen. Dann bei schwacher Hitze in etwa 2 Stunden musig einkochen lassen. Dabei häufig durchrühren. Die Masse mit dem Pürierstab fein mixen. 150 g Zucker dazugeben und alles weitere 30 Minuten kochen lassen. Dann in vorbereitete Gläser füllen (Seite 10). Die Gläser sofort verschließen.

◢ TIP

Mit dem Quittenmus im Vorrat können Sie ganz schnell originelle Desserts zaubern. Das erfrischende, fruchtige Püree verfeinert – mit etwas Flüssigkeit wie Weißwein, Quittensaft (Reformhaus oder Naturkostladen) oder auch Grappa verrührt – Süßspeisen aller Art, ob sahniges Speiseeis, Cremes oder Pudding. Besonders raffiniert schmeckt Quittenmus als Beilage zu Pikantem – zu frisch gebackenen Kartoffelpuffern oder zu scharf gewürzter, gebratener Entenbrust.

◢ KLEINE WARENKUNDE

Die aromatischen, feinherben Quitten sind eine Seltenheit unter den Früchten, denn bis auf wenige südliche Sorten sind sie roh nahezu ungenießbar: hart, unangenehm sauer und wenig geschmackvoll. Der Form nach unterscheidet man Apfel- und Birnenquitten, wobei die birnenförmigen Früchte aromatischer sind. Vollreife Quitten haben eine zitronengelbe Farbe und duften einfach köstlich. Beim Kauf der Früchte sollten Sie sich ohnehin auf Ihre Nase verlassen: ohne Duft kein Aroma! Übrigens sieht der weißgraue Flaum auf der Schale zwar etwas seltsam aus, er ist aber ganz normal – einfach mit einem Tuch abreiben. Die Quittensaison beginnt durch Importe schon im September und geht normalerweise bis in den November hinein.

Bananenkonfitüre mit Ingwer

Im Bild oben

Bananen sind an sich schon so süß, daß die Konfitüre besser schmeckt, wenn man sie mit wenig Zucker zubereitet.

Kurzrezept

◢ Ingwer würfeln, Bananen zerdrücken

◢ Mit Zitronensaft, Wasser, Zucker und Geliermittel mischen

◢ Kochen und in Gläser füllen

Gut im Winter · Schnell

Zutaten für 6 Gläser von je etwa 1/4 l Inhalt:

2 eingelegte Ingwerpflaumen (je etwa walnußgroß)

1 kg geschälte Bananen (ungeschält etwa 1,6 kg)

Saft von 3 Zitronen (etwa 175 ml)

5 EL weißer Rum

400 g Zucker

1 Päckchen Geliermittel, light

Pro Glas etwa: 1800 kJ/430 kcal

◢ Haltbarkeit: mindestens 3 Monate

1

Die Ingwerpflaumen in kleine Würfel schneiden. Die Bananen schälen und mit einer Gabel oder dem Kartoffelstampfer fein zerdrücken.

2

Die Bananen mit dem Ingwer, dem Zitronensaft, dem Rum, dem Zucker, dem Geliermittel und 1/8 l Wasser in einen Topf geben und unter Rühren zum Kochen bringen.

3

Alles etwa 3 Minuten kochen lassen, dann heiß in heiß ausgespülte Gläser füllen (Seite 10). Die Gläser sofort verschließen.

Zubereitungszeit: etwa 30 Minuten

Rhabarber-Mango-Konfitüre

Im Bild unten

Gelierpulver hat den Vorteil, daß Sie die Konfitüre mit normalem Zucker zubereiten können. Denn Gelierpulver gibt es das ganze Jahr zu kaufen, während Gelierzucker häufig erst im Frühsommer angeboten wird, wenn es bereits keinen Rhabarber mehr gibt.

Kurzrezept

◢ Rhabarberstücke und Mangowürfel mit Zitronensaft und etwas Zucker mischen, ziehen lassen

◢ Gelierpulver dazugeben

◢ Kochen, restlichen Zucker dazugeben und in Gläser füllen

Raffiniert

Zutaten für 8 Gläser von je etwa 1/4 l Inhalt:

750 g Rhabarber (geputzt gewogen etwa 500 g)

2 kleinere Mangos (geputzt gewogen etwa 500 g)

1–2 EL Zitronensaft

1 kg Zucker

1 Päckchen Gelierpulver (25 g; aus dem Reformhaus)

Pro Glas etwa: 2300 kJ/550 kcal

◢ Haltbarkeit: etwa 1 Jahr

1

Den Rhabarber waschen, putzen, abtrocknen, schälen und in feine Scheiben schneiden. Die Mangos schälen und das Fruchtfleisch von den Steinen schneiden. Sehr klein würfeln und zum Rhabarber geben.

2

Den Zitronensaft und die Hälfte des Zuckers untermischen und alles etwa 2 Stunden stehenlassen, bis sich Saft gebildet hat (Seite 52).

3

Das Gelierpulver dann mit 5–6 Eßlöffeln Zucker mischen und sorgfältig unter die Fruchtmasse rühren.

4

Alles zum Kochen bringen und etwa 3 Minuten kochen lassen. Dabei nach und nach den übrigen Zucker unterrühren. Die Gelierprobe machen (Seite 52). Den Topf vom Herd ziehen und etwa 2 Minuten stehenlassen. Die Konfitüre in heiß ausgespülte Gläser füllen (Seite 10). Die Gläser sofort verschließen.

Zubereitungszeit: etwa 40 Minuten (dazu etwa 2 Stunden Ruhezeit)

Grapefruitmarmelade mit Pistazien

Im Bild oben

Die Marmelade schmeckt auch ohne Pistazien ganz hervorragend!

Kurzrezept

⊿ Grapefruitstücke mit Gelierzucker über Nacht stehenlassen
⊿ Kochen, mit Pistazien mischen und in Gläser füllen

Preiswert · Gut im Winter

Zutaten für 8 Gläser von je etwa 1/4 l Inhalt:

je 3 gelbe und rosa Grapefruits (etwa 1,6 kg; geputzt gewogen etwa 1 kg)

1 kg Gelierzucker

25 g Pistazienkerne

Pro Glas etwa: 1900 kJ/450 kcal

⊿ Haltbarkeit: etwa 1 Jahr

1

Die Grapefruits schälen, dabei auch die weiße Innenhaut möglichst vollständig entfernen. Die Früchte in kleine Stücke schneiden. Aus den gelben Grapefruits die Kerne entfernen.

2

Die Grapefruits mit dem Gelierzucker in einer Porzellanschüssel mischen und zugedeckt etwa 12 Stunden Saft ziehen lassen (Seite 52).

3

Am nächsten Tag die Pistazien grob hacken. Mit den Grapefruits in einen Topf füllen.

4

Die Marmelade unter Rühren zum Kochen bringen. Etwa 3 Minuten bei mittlerer Hitze kochen lassen. Die Gelierprobe machen (Seite 52).

5

Die Marmelade heiß in heiß ausgespülte Gläser füllen (Seite 10). Die Gläser verschließen.

Zubereitungszeit: etwa 30 Minuten (dazu etwa 12 Stunden Ruhezeit)

Orangenmarmelade

Im Bild unten

Diese herb-süße, leicht bittere Marmelade ist nicht nur ein idealer Frühstücksbegleiter, sondern auch gut zum Bestreichen feiner Tortenböden geeignet.

Kurzrezept

⊿ Orangenschale hacken, Orangen kleinschneiden
⊿ Mit Gelierzucker und Zitronensaft ziehen lassen
⊿ Kochen und in Gläser füllen

Klassiker

Zutaten für 8 Gläser von je etwa 1/4 l Inhalt:

1,5 kg Orangen (davon 3 mit unbehandelter Schale; geputzt gewogen etwa 1 kg)

1 kg Gelierzucker

Saft von 1 Zitrone

Pro Glas etwa: 1800 kJ/430 kcal

⊿ Haltbarkeit: etwa 1 Jahr

1

Die unbehandelten Orangen heiß waschen und abtrocknen. Die Schale dünn abschälen. Es soll möglichst keine weiße Innenhaut daran sein, sonst wird die Marmelade zu bitter. Die Schale dann in sehr feine Streifen schneiden.

2

Alle Orangen schälen, dabei auch die weiße Innenhaut entfernen. Die Orangen in sehr kleine Würfel schneiden, den Saft dabei auffangen, die Kerne entfernen.

3

Orangenschale, -fleisch, -saft, Gelierzucker und Zitronensaft in einer Porzellanschüssel mischen und zugedeckt etwa 12 Stunden ziehen lassen (Seite 52).

4

Am nächsten Tag die Masse in einen Topf füllen und zum Kochen bringen. Die Orangenmarmelade bei mittlerer Hitze unter Rühren etwa 3 Minuten kochen lassen. Die Gelierprobe machen (Seite 52). Die Marmelade heiß in heiß ausgespülte Gläser füllen (Seite 10). Die Gläser sofort verschließen.

Zubereitungszeit: etwa 30 Minuten (dazu etwa 12 Stunden Ruhezeit)

Aprikosenkonfitüre

Im Bild oben

Ihr besonders intensives Aroma bekommt diese Konfitüre durch den Anteil an getrockneten Aprikosen.

Kurzrezept

- Getrocknete Aprikosen einweichen
- Frische Aprikosen würfeln
- Beide mit Gelierzucker Saft ziehen lassen
- Kochen und in Gläser füllen

Klassiker auf neue Art
Raffiniert

Zutaten für 7 Gläser von je etwa 1/4 l Inhalt:
200 g getrocknete ungeschwefelte Aprikosen
100 ml trockener Weißwein oder ungesüßter Apfelsaft
Saft von 2 Zitronen
900 g Aprikosen (geputzt gewogen etwa 800 g)
1 kg Gelierzucker
1 Prise Nelkenpulver
Pro Glas etwa:
2400 kJ/570 kcal

- Haltbarkeit:
  etwa 1 Jahr

1
Die getrockneten Aprikosen in kleine Würfel schneiden und in einem Topf mit dem Wein oder dem Saft und dem Zitronensaft aufkochen lassen. In eine Schüssel füllen und etwa 1 Stunde quellen lassen.

2
Inzwischen die frischen Aprikosen waschen, abtrocknen und halbieren, dabei die Kerne entfernen. Das Fruchtfleisch in möglichst kleine Würfel schneiden.

3
Die frischen und die getrockneten Aprikosen in einem Topf mit dem Gelierzucker mischen und noch etwa 2 Stunden zugedeckt stehenlassen, bis sich reichlich Saft gebildet hat (Seite 52).

4
Das Nelkenpulver dazugeben und alles unter Rühren zum Kochen bringen. Die Konfitüre etwa 3 Minuten kochen lassen. Die Gelierprobe machen (Seite 52).

5
Die Konfitüre heiß in heiß ausgespülte Gläser füllen (Seite 10). Die Gläser sofort verschließen.

**Zubereitungszeit:
etwa 40 Minuten (dazu etwa 2 Stunden Ruhezeit)**

Feigenkonfitüre mit Sekt

Im Bild unten

Feigen schmecken am besten im Spätsommer. Obwohl sie schon früher angeboten werden, sind sie erst dann richtig aromatisch und süß.

Kurzrezept

- Feigen mit Zitronenmelisse und Gelierzucker Saft ziehen lassen
- Sekt hinzufügen, kochen und in Gläser füllen

Exklusiv

Zutaten für 6 Gläser von je etwa 300 ml Inhalt:
etwa 1,2 kg frische Feigen (geputzt gewogen etwa 750 g)
2 unbehandelte Zitronen
1 kg Gelierzucker
1/4 l trockener Sekt
Pro Glas etwa:
2500 kJ/600 kcal

- Haltbarkeit:
  etwa 1 Jahr

1
Die Feigen waschen, abtrocknen und halbieren. Das Fruchtfleisch aus den Häuten lösen und sehr fein zerkleinern. Die Zitronen heiß abwaschen und halbieren. Von einer Hälfte die Schale abreiben. Den Saft auspressen.

2
Die Feigen, den Zitronensaft und die -schale mit dem Gelierzucker in einem Topf mischen und zugedeckt etwa 2 Stunden stehenlassen, bis sich Saft gebildet hat (Seite 52).

3
Dann den Sekt dazugeben und alles unter Rühren zum Kochen bringen. Die Konfitüre etwa 5 Minuten kochen lassen. Die Gelierprobe machen (Seite 52).

4
Die Konfitüre heiß in vorbereitete Gläser füllen (Seite 10). Die Gläser sofort verschließen.

**Zubereitungszeit:
etwa 30 Minuten (dazu etwa 2 Stunden Ruhezeit)**

Aromatische Früchte

Holunderbeeren vorbereiten
Sammeln Sie die Beeren nur abseits vielbefahrener Straßen (wegen des Bleigehalts). Die Dolden abschneiden. Die Beeren an der Dolde in stehendem kaltem Wasser waschen. Dann von den Stielen streifen. Die Beeren verlesen, unreife oder überreife aussortieren.

Johannisbeeren abstreifen
Die feinen Beeren können Sie nach dem Waschen zwar auch abzupfen, leichter geht's aber mit einer Gabel: Ziehen Sie die Rispen einfach durch die Zinken. So lassen sich auch Holunderbeeren abstreifen.

Beeren verlesen
Zarte Beeren, wie Himbeeren, nicht waschen. Die Beeren gründlich durchsehen und eventuell vorhandene Tierchen, verwelkte Blätter oder ähnliches aussortieren. Festere Beeren, wie Erdbeeren, können Sie auch waschen. Beeren nie im Wasser liegenlassen.

Quitten vorbereiten
Quitten haben einen feinen Flaum auf der Schale, der mit einem feuchten Tuch abgewischt wird. Dann die Frucht vierteln oder achteln und das Kerngehäuse herausschneiden.

Kirschen entsteinen
Eingemachte Kirschen sind später ein doppelter Genuß, wenn sie keine Steine mehr haben. Die Kirschen waschen, die Stiele entfernen und die Früchte entsteinen. Das geht am besten mit einem Kirschentsteiner, den Sie in jedem Haushaltswarenladen preiswert kaufen können.

Rumtopf ansetzen
Ein Rumtopf macht wenig, aber immer wieder Arbeit. Denn die Früchte kommen immer dann hinein, wenn sie gerade Saison haben. Die Früchte entsprechend vorbereiten, mit etwas Zucker mischen und kurz stehenlassen. Dann mit Rum in den Topf geben. Verschlossen, kühl und dunkel reifen lassen.

Apfelkompott mit Calvados

Im Bild oben

Seit es die praktischen Twist-Off-Gläser gibt, müssen Früchte nicht mehr aufwendig eingekocht werden.

Kurzrezept

- Apfelviertel, Zitronenschale und -saft mischen
- Mit Apfelsaft, Calvados, Gewürzen und Wasser kochen
- Heiß in Gläser füllen

Preiswert

Zutaten für 5 Gläser von je etwa 1/2 l Inhalt:

2 kg säuerliche Äpfel
2 unbehandelte Zitronen
1/2 l ungesüßter, naturtrüber Apfelsaft
100 ml Calvados
100 g Zucker
2 Zimtstangen
1 TL gemahlener Kardamom
Pro Glas etwa:
1400 kJ/330 kcal

- Haltbarkeit: etwa 1 Jahr

1
Die Äpfel schälen, vierteln und die Kerngehäuse entfernen. Die Apfelviertel in Spalten schneiden, 1 1/2 Zitronen auspressen. Den Saft unter die Äpfel mischen. Von der restlichen Zitronenhälfte die Schale abwaschen, trocknen, fein abreiben und hinzufügen.

2
Äpfel, Apfelsaft und Calvados in einen Topf geben. So viel Wasser angießen, daß die Äpfel bedeckt sind. Den Zucker, den Zimt und den Kardamom hinzufügen.

3
Die Äpfel etwa 10 Minuten köcheln lassen. Die Äpfel sollen noch fest sein, sie dürfen keinesfalls zerfallen.

4
Die Äpfel mit dem Saft in heiß ausgespülte Gläser füllen (Seite 10). Die Gläser sofort verschließen.

Zubereitungszeit: etwa 40 Minuten

VARIANTE
Apfelkompott ohne Alkohol
2 kg säuerliche Äpfel vorbereiten. Mit dem Zitronensaft und der Schale sowie 600 ml ungesüßtem Apfel- oder Quittensaft (Naturkostladen) in einen Topf geben und mit Wasser auffüllen. 200 g Zucker, Zimt und Kardamom hinzufügen und das Kompott wie beschrieben kochen.

Pfirsichkompott mit Lavendel

Im Bild unten

Lavendel sieht nicht nur hübsch aus, er hat auch ein unbeschreiblich intensives Aroma. Zu viel dürfen Sie deshalb nicht nehmen, sonst schmecken die Pfirsiche parfümiert.

Kurzrezept

- Pfirsiche mit Zucker und Wasser kochen, Lavendel untermischen
- Heiß in Gläser füllen und verschließen

Raffiniert

Zutaten für 5 Gläser von je etwa 450 ml Inhalt:

1,5 kg Pfirsiche
1 unbehandelte Zitrone
100 g Zucker
1 Prise Nelkenpulver
100 ml Mandellikör
4 Zweige blühender Lavendel
Pro Glas etwa:
960 kJ/230 kcal

- Haltbarkeit: etwa 1 Jahr

1
Die Pfirsiche mit kochendem Wasser überbrühen, kurz darin ziehen lassen, kalt abschrecken und die Haut abziehen (Seite 34). Die Pfirsiche in Spalten schneiden, dabei die Steine entfernen.

2
Die Zitrone heiß waschen und abtrocknen. Dann der Länge nach in Viertel oder Achtel schneiden.

3
Die Pfirsiche mit der Zitrone, dem Zucker, dem Nelkenpulver und dem Mandellikör in einem Topf mischen. So viel Wasser angießen, daß die Pfirsiche gerade davon bedeckt sind.

4
Alles zum Kochen bringen und etwa 3 Minuten kochen lassen.

5
Inzwischen den Lavendel vorsichtig waschen und trockentupfen. Unter das heiße Kompott mischen.

6
Das Kompott in heiß ausgespülte Gläser füllen (Seite 10). Die Gläser sofort verschließen.

Zubereitungszeit: etwa 35 Minuten

TIP
Die Pfirsiche schmecken sehr gut zu Eis, zum Beispiel Vanilleeis. Wer sie lieber ohne Likör mag, läßt ihn einfach weg und nimmt statt dessen mehr Wasser.

Holunder-Zwetschgen-Kompott

Dieses aromatische Herbstkompott schmeckt besonders gut zu Kaiserschmarrn, aber auch zu Quarkpflänzchen oder Grießschnitten. Sammeln Sie den Holunder möglichst nicht an stärker befahrenen Straßen.

Kurzrezept

- Holunderbeeren mit Wasser kochen und entsaften
- Zwetschgen waschen und halbieren
- Mit Zucker und Gewürzen im Holundersaft kochen
- Kochend heiß in Gläser füllen

Klassiker

Zutaten für 5 Gläser von je etwa 1/2 l Inhalt:

2 kg Holunderbeeren

1,5 kg Zwetschgen

200 g Zucker

2 Zimtstangen

2 Sternanis

2 Muskatblüten

2 Gewürznelken

Pro Glas etwa:
1900 kJ/450 kcal

- Haltbarkeit:
  etwa 1 Jahr

1

Die Holunderbeeren waschen und mit einer Gabel von den Stielen streifen oder abzupfen (Seite 72).

2

Die Beeren mit 1/2 l Wasser in einen Topf füllen und zum Kochen bringen. Zugedeckt bei mittlerer Hitze etwa 3 Minuten kochen lassen, bis sie aufplatzen.

3

Die Beeren durch ein Mulltuch passieren, den Saft dabei auffangen. Das Tuch zusammendrehen, damit der Saft vollständig ausgepreßt wird (Seite 52).

4

Die Zwetschgen waschen und halbieren, die Steine dabei entfernen.

5

Die Zwetschgen mit dem Zucker, dem Zimt, dem Anis, den Muskatblüten und den Gewürznelken in einem Topf mischen. Den Holundersaft dazugeben. Falls die Zwetschgen nicht ganz vom Saft bedeckt sind, noch etwas Wasser angießen.

6

Die Mischung zum Kochen bringen und etwa 5 Minuten kochen lassen. Die Zwetschgen sollen dabei nicht zu weich werden.

7

Das Kompott kochend heiß in heiß ausgespülte Gläser füllen (Seite 10). Die Gläser sofort verschließen.

**Zubereitungszeit:
etwa 1 Stunde**

VARIANTEN

Früchte im Saft anderer Früchte einzulegen, ist eine besonders schmackhafte Methode, sie zu konservieren. Gut passen außer der genannten Kombination: Rhabarber in Erdbeersaft, Brombeeren in Apfelsaft, Himbeeren in schwarzem Johannisbeersaft. Probieren Sie selbst andere Zusammenstellungen und finden Sie Ihr »Lieblingsgespann«.

GRUNDREZEPT
Kompott

Die Früchte werden mit Zucker und Gewürzen in Flüssigkeit gekocht und heiß in Gläser gefüllt. Auf 1,5 kg geputztes Obst rechnet man 200 g Zucker, wenn man Alkohol verwendet, reichen 100 g Zucker.

Beeren in Cassis

Im Bild links

Kurzrezept

▟ Beeren verlesen, sorgfältig trockentupfen und in Gläser füllen
▟ Wein mit Cassis und Gewürzen aufkochen
▟ Über die Beeren gießen

Raffiniert

Zutaten für 4 Gläser von je etwa 1/2 l Inhalt:

750 g gemischte Beeren (Himbeeren, Walderdbeeren, Heidelbeeren und Johannis- oder Stachelbeeren)
3/4 l trockener, kräftiger Rotwein
1/4 l Cassis (schwarzer Johannisbeerlikör)
1 Stück Zimtstange
1 TL Gewürznelken

Pro Glas etwa:
1400 kJ/330 kcal

▟ Haltbarkeit: etwa 6 Monate

1

Die Beeren ganz vorsichtig waschen, Himbeeren nur verlesen, mit Küchenpapier trockentupfen und dann von den Stielen befreien (Seite 72).

2

Die Beeren mischen und in sterilisierte Gläser verteilen (Seite 10).

3

Den Wein mit dem Cassis, dem Zimt und den Gewürznelken zum Kochen bringen und etwa 5 Minuten köcheln lassen.

4

Die kochendheiße Mischung über die Beeren gießen und die Gläser sofort verschließen.

Zubereitungszeit: etwa 30 Minuten

◢ TIP
Alle Früchte schmecken gut in Alkohol: Für 1 kg Früchte kochen Sie einen Sirup aus 350 g Zucker und etwa 75 ml Wasser. Mischen Sie den Sirup mit 50 ml reinem Alkohol (aus der Apotheke) und 700 ml hochprozentigem Alkohol (Branntwein, Cognac, Rum oder ähnlichem) und gießen Sie diese Mischung über die Früchte. Verschließen Sie die Gläser sofort, lassen Sie die Beeren mindestens 4 Wochen ziehen.

Kirschen in Sirup

Im Bild rechts

In Sirup eingelegt schmecken alle Früchte, die nicht leicht zerfallen. Beeren sind dafür weniger geeignet, sie sind zu weich.

Kurzrezept

▟ Kirschen entsteinen
▟ Zucker, Zitronensaft und Wasser kochen
▟ Kirschen mit Vanille darin garen
▟ Kochend heiß in Gläser füllen

Schmeckt Kindern

Zutaten für 5 Gläser von je etwa 450 ml Inhalt:

2 kg Sauerkirschen
400 g Zucker
Saft von 2 Zitronen
2 Vanilleschoten

Pro Glas etwa:
2100 kJ/500 kcal

▟ Haltbarkeit: etwa 6 Monate

1

Die Kirschen waschen und entsteinen (Seite 72).

2

Den Zucker mit dem Zitronensaft und 300 ml Wasser in einen Topf geben und unter ständigem Rühren bei mittlerer Hitze etwa 15 Minuten köcheln lassen, bis die Mischung leicht dickflüssig, aber noch nicht braun ist.

3

Die Kirschen in den Sirup geben und etwa 5 Minuten darin kochen lassen.

4

Inzwischen die Vanilleschoten der Länge nach aufschlitzen. Das Mark herauskratzen und zu den Kirschen geben. Die Schoten in etwa 3 cm lange Stücke schneiden und untermischen.

5

Die Kirschen ganz heiß in heiß ausgespülte Gläser füllen (Seite 10). Die Gläser sofort verschließen.

Zubereitungszeit: etwa 50 Minuten

◢ VARIANTEN
Statt Kirschen schmecken kleine Mirabellen, Stachelbeeren und Kumquats gut in Sirup.

Rumtopf

Ein Rumtopf braucht Zeit, bis er fertig ist, denn die verschiedenen Früchte werden immer dann dazugegeben, wenn sie wirklich reif sind.

Kurzrezept

- Mit Erdbeeren im Mai/Juni beginnend, die Früchte jeweils vorbereiten und klein-schneiden
- Mit Zucker mischen, in den Topf füllen, mit Rum begießen
- Jeweils die nächste Fruchtart mit Zucker und Rum dazugeben

Klassiker · Braucht etwas Zeit

Zutaten für einen Stein-guttopf oder ein großes Glas mit Deckel von etwa 5 l Inhalt:

500 g Erdbeeren (am besten kleine Monats-erdbeeren)

1,5 kg Zucker

etwa 2 l 54%iger brauner Rum

500 g Kirschen

je 250 g Stachelbeeren, schwarze Johannisbeeren, Himbeeren, Aprikosen, Zwetschgen und Birnen

Pro Portion (etwa 1 Eßlöffel): 120 kJ/30 kcal

- Haltbarkeit: mindestens 6 Monate

1

Den Topf oder das Glas gründlich reinigen und abtrocknen.

2

Die Erdbeeren waschen, gut trockentupfen und unzerkleinert in den Topf füllen. 250 g Zucker untermischen und die Beeren etwa 20 Minuten stehenlassen (Seite 72). Dann etwa 700 ml Rum angießen. Die Erdbeeren zugedeckt etwa 3 Wochen ruhen lassen. Dabei etwa alle drei Tage durchrühren.

3

Dann nach und nach die restlichen Früchte, jeweils wenn sie reif sind, untermischen. Die Früchte dazu immer gut waschen und abtrock-nen. Mit jeweils etwa 125 g Zucker mischen und etwa 30 Minuten stehenlassen, dann erst auf die schon eingeleg-ten Früchte geben; nicht durchrühren. Die Früchte immer mit so viel Rum begießen, daß sie davon bedeckt sind.

4

Wenn alle Früchte im Topf sind, den Rumtopf nochmals mindestens 4 Wochen ziehen lassen. Schon 1–2 Eßlöffel des gehaltvollen Rumtopfs reichen als aromatische Ergänzung zu Vanilleeis oder -pudding.

Zubereitungszeit: etwa 1 1/2 Stunden (dazu viele Wochen Ruhezeit)

VARIANTEN

Wer sich nicht soviel Arbeit machen möchte, bereitet nur eine Frucht-sorte, zum Beispiel Erd-beeren, zu und läßt sie 4 Wochen ruhen.

Gut schmecken auch exotische Früchte in Rum. Dazu beispielsweise 1/4 Ananas und 1 Mango in Stücke schneiden und mit 100 g Zucker und 1/2 l Rum mischen. In sterilisierte Gläser füllen (Seite 10) und minde-stens 3 Wochen ruhen lassen.

Süß-saure Quitten

Im Bild oben

Quitten bekommen Sie von September bis November. Vertrauen Sie beim Kauf Ihrem Geruchssinn. Quitten duften wunderbar!

Kurzrezept
◢ Essig mit Wasser, Zucker, Honig und Gewürzen kochen
◢ Quitten darin ziehen lassen
◢ Im Sud erhitzen und in Gläser füllen

Für Gäste

Zutaten für 5 Gläser von je etwa 1/2 l Inhalt:
2 kg Quitten
2 saftige Orangen
3/4 l Weißweinessig
200 g Zucker
50 g Honig
1 TL Korianderkörner
1 Zimtstange
2–3 getrocknete Chilischoten
2 EL Meersalz
Pro Glas etwa:
1500 kJ/360 kcal

◢ Haltbarkeit:
etwa 1 Jahr

1
Die Quitten mit einem Tuch abreiben und schälen. Dann vierteln, vom Kerngehäuse befreien, in Würfel schneiden und in eine Porzellanschüssel geben (Seite 72).

2
Die Orangen auspressen. Den Essig mit 1/4 l Wasser, dem Orangensaft, dem Zucker, dem Honig, den Korianderkörnern, dem Zimt, den Chilischoten und dem Salz in einem Topf mischen und zum Kochen bringen.

3
Den Sud erkalten lassen und über die Quitten gießen. Die Quitten zugedeckt etwa 24 Stunden ziehen lassen.

4
Die Quitten dann im Sud zum Kochen bringen, 3–4 Minuten kochen lassen und heiß in heiß ausgespülte Gläser füllen (Seite 10). Die Gläser sofort verschließen.

**Zubereitungszeit:
etwa 40 Minuten
(dazu etwa 24 Stunden Ruhezeit)**

◢ VARIANTEN
Statt Quitten können Sie auch Honig- oder Wassermelonen nehmen. Diese dann bei Schritt 4 nur nochmals aufkochen.

Pikante Weintrauben

Im Bild unten

Die Trauben schmecken besonders gut als Beilage zu Wild oder anderem kräftig schmeckendem Fleisch.

Kurzrezept
◢ Trauben waschen und in Gläser füllen
◢ Zitronenschale abschneiden
◢ Wein mit Essig, Zucker und Chili kochen
◢ In Gläser füllen und verschließen

Raffiniert · Schnell

Zutaten für 2 Gläser von je etwa 1 l Inhalt:
1 kg helle, möglichst kleine, kernlose Weintrauben
1 unbehandelte Zitrone
3/4 l Gewürztraminer
3/8 l milder Weißweinessig
200 g Zucker
4 getrocknete Chilischoten
Pro Glas etwa:
4800 kJ/1100 kcal

◢ Haltbarkeit:
etwa 1 Jahr

1
Die Trauben waschen und von den Stielen zupfen. Die Zitrone heiß waschen, abtrocknen und die Schale spiralförmig dünn (ohne weiße Innenhaut) abschälen. Die Zitrone auspressen.

2
Die Trauben in sterilisierte Gläser füllen (Seite 10).

3
Den Wein mit dem Essig, dem Zitronensaft und der -schale, dem Zucker und den Chilischoten zum Kochen bringen.

4
Den Sud über die Trauben gießen. Sie sollen ganz davon bedeckt sein. Die Gläser sofort verschließen. Die Trauben mindestens 4 Wochen ziehen lassen.

**Zubereitungszeit:
etwa 30 Minuten**

◢ TIP
Wer möchte, kann noch etwas Grappa unter den Sud mischen.

Scharfe Ingwer-Früchte

Diese Früchte sind eine ideale Beilage zu Fleischgerichten. Füllen Sie einige Ingwer-Früchte in kleinere Gläser, sie sind ein ausgefallenes Mitbringsel.

Kurzrezept

◢ Essig mit Wein, Wasser, Ingwer, Zucker und Gewürzen kochen
◢ Mit Tabasco abschmecken
◢ Früchte und Schalotten darin garen
◢ Kochend heiß in Gläser füllen

Raffiniert

Zutaten für 3 Gläser von je etwa 1 l Inhalt:

750 g kleine Birnen
750 g Zwetschgen
1 kg Schalotten
1 großes Stück frischer Ingwer (etwa 4 cm)
1/2 l milder Rotweinessig
1/2 l trockener Rotwein
400 g Zucker
je 1 EL weiße Pfefferkörner und gelbe Senfkörner
2 Muskatblüten (Macis)
2 Stück Sternanis (Asienladen)
etwa 1 EL Meersalz
Tabascosauce
Pro Glas etwa: 4500 kJ/1100 kcal

◢ Haltbarkeit: etwa 1 Jahr

1
Die Birnen schälen und möglichst ganz lassen. Die Stiele entfernen. Die Zwetschgen waschen und längs aufschneiden, aber nicht ganz auseinandertrennen. Die Steine herauslösen. Die Schalotten schälen und ganz lassen.

2
Den Ingwer wie eine Kartoffel schälen (Seite 34) und in feine Scheiben schneiden.

3
Den Essig und den Wein mit 1 l Wasser, dem Ingwer, dem Zucker, den Pfefferkörnern, den Senfkörnern, dem Muskat, dem Anis und dem Salz in einem großen Topf mischen. Dann alles zum Kochen bringen.

4
Die Birnen und die Schalotten in den Sud geben und etwa 10 Minuten darin köcheln lassen. Die Zwetschgen hinzufügen und alles noch etwa 2 Minuten kochen lassen.

5
Den Sud mit einigen Tropfen Tabascosauce pikant-scharf abschmecken.

6
Die Birnen und den Sud in heiß ausgespülte Gläser füllen (Seite 10). Die Gläser sofort verschließen.

Zubereitungszeit: etwa 1 Stunde

◢ TIP
Milder werden die Früchte, wenn Sie statt Rotweinessig Aceto balsamico (Balsamessig) nehmen.

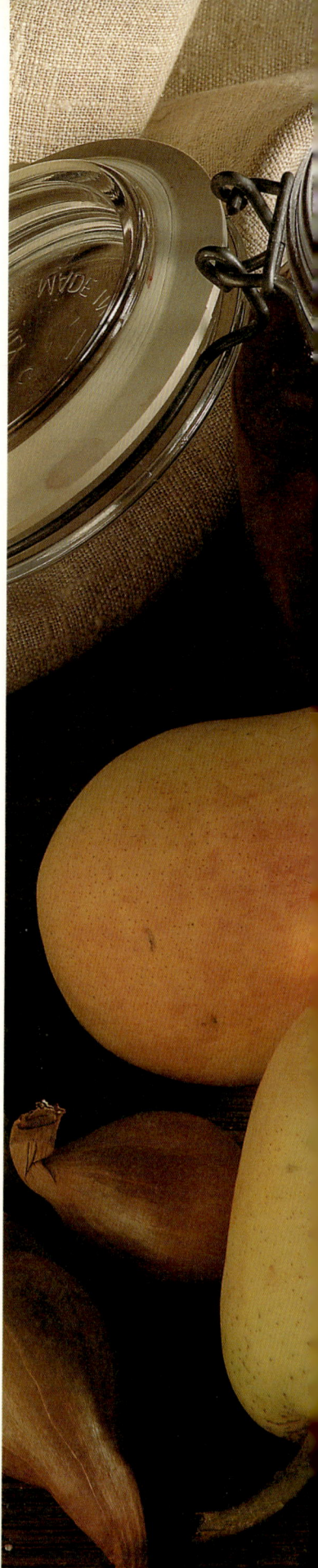

Fisch, Fleisch & Co.

Fleisch für Rillettes garen ...
Mehrere Stunden braucht das Fleisch, bis es so weich ist, daß es sich ganz leicht zerteilen läßt oder vom Knochen fällt. Aber: Obwohl die Garzeit lang ist, macht es keine Mühe, denn Sie müssen währenddessen nichts tun.

... fein zerkleinern ...
Je feiner Sie das Fleisch nach der Garzeit zerpflücken, desto delikater wird das Ergebnis. Am besten geht das mit den Händen. Wer das nicht mag, nimmt zwei Gabeln. Und: Ganze Gewürze, bei Geflügel auch die Knochen, sorgfältig entfernen.

... und fest verschließen
Damit die Rillettes einige Zeit haltbar bleiben, müssen sie in sterilisierte Gläser gefüllt und mit einer Fettschicht abgedeckt werden. Also gründlich mit dem abgenommenen Fett beschöpfen. Erst, wenn das Fett erstarrt ist, die Gläser verschließen.

Grieben auslassen
Den Schweinebauch möglichst klein würfeln, damit die Grieben später nicht zu groß werden. Dann die Würfel bei schwacher Hitze so lange unter gelegentlichem Rühren garen, bis sie goldbraun und knusprig sind.

Aal umwickeln
Der aromatische Fisch bekommt durch den Salbei ein besonders feines Aroma und sieht hübsch aus. Die Aalstücke möglichst ganz mit den Salbeiblättern umwickeln und mit Küchengarn verschnüren.

Meerrettich vorbereiten
Die Wurzel gründlich abspülen und in Scheiben schneiden, fein reiben oder im Mixer zerkleinern. Aber: Beim Öffnen nicht in den Mixer sehen, damit Ihnen die scharfen Dämpfe nicht in die Augen steigen.

Schweine-Rillettes

Das deftige Schweine-fleisch schmeckt als Vor-speise oder Imbiß, eig-net sich aber auch fürs Buffet. Reichen Sie dazu frisches Bauernbrot.

Kurzrezept

◢ Schweinebauchwürfel mit Gewürzen, Apfel-vierteln, Zwiebeln und Schmalz garen

◢ Fleisch zerpflücken, mit Fett nochmals erhitzen, in Gläser füllen

◢ Mit flüssigem Fett bedecken, abkühlen lassen

Klassiker · Braucht etwas Zeit

Zutaten für 4 Gläser von je etwa 450 ml Inhalt:

2 kg roher Schweine-bauch

1 säuerlicher Apfel

2 Zwiebeln

etwa 1 EL Meersalz

schwarzer Pfeffer, frisch gemahlen

4–5 Lorbeerblätter

2 Zweige Liebstöckel

125 g Gänseschmalz

Pro Glas etwa:
9400 kJ/2200 kcal

◢ Haltbarkeit: etwa 2 Monate

1
Den Schweinebauch von der Schwarte befreien und in etwa 1 cm große Würfel schneiden. Den Apfel schälen, vierteln, dabei das Kerngehäuse entfernen. Die Zwiebeln schälen.

2
Den Schweinebauch in einen großen Schmor-topf geben. Das Salz, Pfeffer, die zerbröselten Lorbeerblätter, den Lieb-stöckel, den Apfel und die Zwiebeln untermi-schen. Das Gänseschmalz in Stücken darauf ver-teilen.

3
Alles bei schwacher Hitze zugedeckt 5–6 Stunden garen, bis das Fleisch ganz weich ist. Dabei gelegentlich durchrühren (Seite 86).

4
Ein Sieb auf eine große Schüssel setzen, die Mischung hineinschüt-ten. Das Fleisch heraus-nehmen und gründlich zerpflücken. Nehmen Sie sich für diese Arbeit genügend Zeit, denn je feiner Sie das Fleisch zerpflücken, desto bes-ser werden die Rillettes (Seite 86).

5
Das Fleisch wieder in den Schmortopf geben. Vom abgetropften Fett etwa vier Schöpflöffel abnehmen und beiseite stellen.

6
Vom restlichen Fett etwa 300 ml unter das zer-pflückte Fleisch mischen. Die Masse noch einmal erhitzen und unter ständigem Rühren bei mittlerer Hitze weitere 15 Minuten garen.

7
Die Masse in sterilisierte Gläser füllen (Seite 10), dabei gründlich hinein-drücken, damit keine Luftlöcher entstehen. Jeweils etwa 1 cm hoch vom beiseite gestellten Fett auf die Rillettes ver-teilen und fest werden lassen (Seite 86).

8
Die Gläser verschließen und im Kühlschrank oder an einem anderen kühlen Ort lagern. Sobald sie angebrochen sind, lassen sich die Rillettes nur noch etwa 10 Tage lagern.

Zubereitungszeit: etwa 1 Stunde (dazu 5–6 Stunden Schmorzeit)

Eier im Kapern-Sud

Im Bild oben

Kurzrezept

◣ Kräuter waschen, Zitrone und Meerrettich putzen und zerkleinern

◣ Mit Kapern, Senfkörnern, Essig, Honig und Wasser aufkochen

◣ Gegarte Eier schälen und in ein Glas geben

◣ Mit dem Sud begießen, erkalten lassen

Würzig

Zutaten für 1 Glas von etwa 1 l Inhalt:

1 Bund Zitronenmelisse
2 frische Lorbeerblätter
1 unbehandelte Zitrone
1 Stück frischer Meerrettich (etwa 2 cm)
50 g Kapern
1 EL Senfkörner
1/4 l Obstessig
1 kräftige Prise Meersalz
2 EL Honig
10 hartgekochte Eier
Pro Glas etwa:
4400 kJ/1000 kcal

◣ Haltbarkeit: etwa 10 Tage

1
Die Kräuter waschen. Die Zitrone heiß waschen, abtrocknen und die Schale spiralförmig ohne weiße Innenhaut abschneiden. Eine Hälfte der Zitrone vollkommen schälen und in kleine Stücke schneiden. Dabei von den Kernen befreien. Den Meerrettich schälen, waschen und in Scheiben schneiden (Seite 86).

2
Die Kräuter, die Zitronenschale und die -stücke mit dem Meerrettich, den Kapern, den Senfkörnern, dem Essig, dem Salz und dem Honig in einem Topf mischen. Etwa 300 ml Wasser angießen und alles zum Kochen bringen.

3
Die Eier schälen und in ein großes, vorbereitetes Glas geben (Seite 10).

4
Den heißen Sud über die Eier gießen. Sie sollen ganz davon bedeckt sein. Den Sud erkalten lassen, dann das Glas verschließen. Die Eier vor dem Essen mindestens 2 Tage ziehen lassen.

Zubereitungszeit: etwa 30 Minuten

Kräuterschmalz mit grünem Pfeffer

Im Bild unten

Das würzige Schmalz schmeckt am besten auf dunklem Bauernbrot. Nach Geschmack noch mit Salz und Pfeffer würzen.

Kurzrezept

◣ Schweinebauch, Zwiebeln und Apfel fein zerkleinern, garen

◣ Kräuter und Pfeffer dazugeben, würzen

Gelingt leicht

Zutaten für 2 Gläser von je etwa 1/2 l Inhalt:

800 g fetter, roher Schweinebauch
200 g Zwiebeln
1 säuerlicher Apfel
1 Zweig frischer Salbei
2 Zweige frischer Majoran
1 Bund Thymian
1 EL eingelegte grüne Pfefferkörner
Salz
Pro Glas etwa:
6700 kJ/1600 kcal

◣ Haltbarkeit: 3–4 Monate

1
Den Schweinebauch erst in Scheiben, dann in sehr kleine Würfel schneiden. Die Zwiebeln schälen und fein hacken. Den Apfel schälen und würfeln, dabei das Kerngehäuse entfernen.

2
Den Schweinebauch in einem Topf bei schwacher Hitze unter Rühren etwa 15 Minuten garen, bis er glasig wird.

3
Die Zwiebeln und den Apfel hinzufügen und alles weitere 10 Minuten garen, bis die Fettstücke knusprig sind (Seite 86).

4
Inzwischen die Kräuter waschen und fein hacken. Mit den Pfefferkörnern zum Schmalz geben und nochmals etwa 10 Minuten garen. Dann salzen und in sterilisierte Gläser (Seite 10) oder in Schmalztöpfchen füllen. Abkühlen lassen, verschließen und kühl lagern.

Zubereitungszeit: etwa 50 Minuten

◣ KLASSIKER
Griebenschmalz
Wer ganz einfaches Griebenschmalz herstellen möchte, läßt einfach Kräuter und Pfefferkörner weg, ansonsten bleibt die Zubereitung gleich.

Eingelegte Oliven

Kurzrezept

- Oliven in drei Gläser verteilen
- Ein Drittel Oliven mit Orangenschale, Nelken, Zimt, Pfeffer und Öl vermischen
- Ein Drittel Oliven mit Pfefferschote, Kräutern und Öl vermischen
- Ein Drittel Oliven mit Sardellen, Kapern, Knoblauch und Öl mischen

Raffiniert

Zutaten für 3 Gläser von je etwa 300 ml Inhalt:

600 g schwarze und/oder grüne Oliven

etwa 400 ml Olivenöl, kaltgepreßt

Für die Orangen-Oliven:

1 unbehandelte Orange

1 TL Gewürznelken

1 Stück Zimtstange

1 TL weiße Pfefferkörner

Für die Kräuter-Oliven:

1 frische rote Chilischote

1/2 Bund Rosmarin

je einige Zweige frischer Salbei und Basilikum

Für die Sardellen-Oliven:

3 eingelegte Sardellen-filets

1 TL Kapern

1 Knoblauchzehe

Pro Glas etwa:

4400 kJ/1000 kcal

- Haltbarkeit: 2–3 Monate

1

Die Oliven in sterilisierte Gläser füllen (Seite 10).

2

Für die Orangen-Oliven die Orange heiß waschen und abtrocknen. Die Schale dünn abschneiden und in feine Streifen schneiden. Die Gewürznelken, die Zimtstange und die Pfefferkörner im Mörser fein zerstoßen. (Wenn Sie keinen Mörser haben, können Sie die Gewürze auch im Mixer oder in der Kaffeemühle zerkleinern.) Die Orangenschale und die Gewürze unter die Oliven im ersten Glas mischen und so viel Öl angießen, daß die Oliven davon bedeckt sind.

3

Für die Kräuter-Oliven die Chilischote waschen und putzen. Die Schote nochmals kalt abspülen. Dann gut abtrocknen und in feine Streifen schneiden. Anschließend die Hände waschen (Seite 34). Die Kräuter waschen, sehr gut trockentupfen (Seite 34) und ohne die groben Stiele fein hacken. Die Chilischote und die Kräuter unter die Oliven im zweiten Glas mischen. So viel Öl angießen,

daß die Oliven davon bedeckt sind.

4

Für die Sardellen-Oliven die Sardellenfilets kalt abspülen und abtrocknen. Die Kapern abtropfen lassen. Die Knoblauchzehe schälen. Sardellen, Kapern und Knoblauchzehe sehr fein hacken. Unter die Oliven im dritten Glas mischen. So viel Öl angießen, daß die Oliven davon bedeckt sind.

5

Die Oliven vor dem Servieren mindestens 1 Woche ziehen lassen.

Zubereitungszeit: etwa 40 Minuten

- TIP

Für einen gemütlichen Abend bei einem Gläschen Wein sollten Sie alle drei Oliven-Varianten zubereiten. Ein paar Päckchen Grissini und kleine Käsewürfel dazustellen, fertig ist ein toller Imbiß!

Thunfisch in Würzöl

Im Bild oben

Frischen Thunfisch am besten vorbestellen.

Kurzrezept

◢ Thunfisch würfeln
◢ Essig, Wasser, Honig und Salz aufkochen lassen
◢ Fisch darin ziehen lassen, herausheben
◢ Mit Gewürzen und Öl in Gläser füllen

Gut fürs Picknick

Zutaten für 3 Gläser von je etwa 450 ml Inhalt:

1 kg frischer roter Thunfisch
400 ml Weißweinessig
2 EL Honig
2 TL Meersalz
1 EL Wacholderbeeren
1 EL weiße Pfefferkörner
1 TL Gewürznelken
1 Muskatblüte (Macis)
3 getrocknete Chilischoten
etwa 600 ml Sonnenblumenöl

Pro Glas etwa:
4900 kJ/1200 kcal

◢ Haltbarkeit:
etwa 4 Wochen

1

Den Thunfisch von der dicken Mittelgräte und, falls nötig, von der Haut befreien und in etwa 1 cm große Würfel schneiden.

2

Den Essig mit 1/4 l Wasser, dem Honig und dem Salz zum Kochen bringen.

3

Den Fisch in den Essigsud geben und einmal aufkochen lassen. Vom Herd ziehen und im Sud etwa 10 Minuten ziehen lassen.

4

Den Thunfisch mit einem Schaumlöffel aus dem Sud heben, gut abtropfen lassen und mit den Gewürzen in sterilisierte Gläser füllen (Seite 10). So viel Öl angießen, daß der Thunfisch ganz davon bedeckt ist. Vor dem Servieren mindestens 1 Woche durchziehen lassen.

**Zubereitungszeit:
etwa 50 Minuten**

Lachs-Rillettes

Im Bild unten

Kurzrezept

◢ Frischen Lachs zerkleinern, anbraten, mit Essig köcheln lassen
◢ Räucherlachs, Kapern, Dill und Zitronenschale hacken
◢ Mit frischem Lachs und Butter verkneten
◢ In Gläser füllen und mit zerlassenem Fett begießen

Für Gäste

Zutaten für 2 Gläser von je etwa 450 ml Inhalt:

300 g frisches Lachsfilet
200 g weiche Butter
4 EL Weißweinessig
300 g Räucherlachs
1–2 EL Kapern aus dem Glas
1 Bund Dill
1/2 unbehandelte Zitrone
weißer Pfeffer, frisch gemahlen
nach Belieben Meersalz

Pro Glas etwa:
5600 kJ/1300 kcal

◢ Haltbarkeit:
etwa 2 Wochen

1

Den frischen Lachs sehr fein zerkleinern, eventuell vorhandene Gräten mit einer Pinzette entfernen. In einem Topf 1 Eßlöffel Butter schmelzen lassen. Den Lachs darin anbraten, dann den Essig dazugeben und den Fisch etwa 10 Minuten köcheln lassen, bis er zerfällt.

2

Inzwischen den Räucherlachs sehr fein hacken oder im Mixer pürieren. Die Kapern fein zerdrücken. Den Dill waschen und fein hacken. Von der Zitrone die Schale abschneiden und fein hacken. Die Zitrone auspressen.

3

Den gegarten Lachs etwas abkühlen lassen, dann mit dem Räucherlachs und 150 g Butter verkneten. Die Kapern, den Dill und die Zitronenschale untermischen. Die Masse mit Pfeffer und etwas Zitronensaft abschmecken. Nach Belieben salzen.

4

Die Rillettes in sterilisierte Gläser füllen (Seite 10) und glattstreichen. Die übrige Butter zerlassen, aber nicht bräunen. Auf den Rillettes verteilen und fest werden lassen (Seite 86). Die Gläser dann verschließen und kühl aufbewahren.

**Zubereitungszeit:
etwa 1 Stunde**

Marinierte Heringe

Kurzrezept

◢ Heringe mit Mehl bestäuben, würzen, braten
◢ Lauch, Knoblauch und Möhre zerkleinern, braten
◢ Essig, Wein, Thymian und Dill hinzufügen
◢ Heringe und Marinade in Gläser füllen

Klassiker · Preiswert

Zutaten für 2 Gläser von je etwa 700 ml Inhalt:

1 kg grüne Heringe (filetiert, mit Haut)
2 EL Mehl
Meersalz
weißer Pfeffer, frisch gemahlen
1 Stange Lauch
2 Knoblauchzehen
1 Möhre
3–4 EL Sonnenblumenöl
etwa 1/4 l Weißweinessig
etwa 1/2 l trockener Weißwein
1 Zweig Thymian
1 Bund Dill
Pro Glas etwa:
5900 kJ/1400 kcal

◢ Haltbarkeit: 2–4 Wochen

1
Die Heringe waschen, trockentupfen und mit dem Mehl bestäuben. Überschüssiges Mehl abklopfen. Die Fische salzen und pfeffern.

2
Den Lauch putzen, längs aufschlitzen, gründlich waschen und in feine Ringe schneiden. Den Knoblauch und die Möhre schälen und fein hacken.

3
Das Öl in einer Pfanne erhitzen. Die Heringe darin portionsweise von beiden Seiten bei mittlerer Hitze in etwa 4 Minuten goldgelb braten. Dann auf einen Teller legen und beiseite stellen.

4
Das Gemüse im verbliebenen Fett anbraten. Mit dem Essig und dem Wein ablöschen, mit Salz und Pfeffer würzen. Den Thymian dazugeben. Alles etwa 10 Minuten köcheln lassen.

5
Inzwischen den Dill waschen und ohne die groben Stiele fein hacken. Die Marinade vom Herd nehmen, den Dill untermischen. Die Marinade erkalten lassen.

6
Die Heringe und die Marinade lagenweise in sterilisierte Gläser schichten (Seite 10). Die Fische müssen ganz von der Marinade bedeckt sein. Die Gläser verschließen und die Fische mindestens 1 Tag an einem kühlen Ort ziehen lassen. Im Kühlschrank aufbewahren.

Zubereitungszeit: etwa 50 Minuten

◢ TIP
Falls Sie zu wenig Marinade haben, erneut Essig und Wein zum Kochen bringen, erkalten lassen und über die Fische gießen.

Makrelen in Sojasud

Im Bild oben

Kurzrezept

◢ Fische würzen
◢ Ingwer, Knoblauch,
   Frühlingszwiebeln,
   Koriander und Chilies
   zerkleinern
◢ Mit Essig, Sojasauce,
   Wasser köcheln
◢ Makrelen braten, im
   Essigsud ziehen lassen
◢ In Gläser füllen

Raffiniert · Fernöstlich

Zutaten für 4 Gläser von
je etwa 450 ml Inhalt:
4 ausgelöste Makrelen-
filets mit Haut (etwa 1 kg)
Salz
weißer Pfeffer, frisch
gemahlen
1 großes Stück frischer
Ingwer (etwa 3 cm)
2 Knoblauchzehen
1 Bund Frühlingszwiebeln
1/2 Bund frischer
Koriander
2–3 frische rote Chili-
schoten
1/4 l Reisessig (Asien-
laden)
8 EL Sojasauce
1–2 EL Erdnußöl
Pro Glas etwa:
2200 kJ/520 kcal

◢ Haltbarkeit:
   etwa 2 Wochen

1

Die Makrelenfilets
waschen, trockentupfen,
salzen und pfeffern.

2

Den Ingwer und den
Knoblauch schälen und
in feine Scheiben schnei-
den. Die Frühlingszwie-
beln putzen und in feine
Ringe schneiden. Den
Koriander waschen und
mit den Stielen fein
hacken. Die Chilischoten
waschen, putzen und in
feine Ringe schneiden.
Anschließend die Hände
waschen (Seite 34).

3

Essig, Sojasauce und
1/4 l Wasser mischen. Mit
dem Ingwer, dem Knob-
lauch, den Chilischoten
und den Frühlingszwie-
beln etwa 10 Minuten
köcheln lassen.

4

Das Öl erhitzen. Die
Makrelen darin bei mitt-
lerer Hitze pro Seite
etwa 2 Minuten braten.
Herausnehmen und
beiseite stellen.

5

Den Essigsud vom Herd
nehmen, die Fische
hineinlegen und etwa
10 Minuten darin ziehen
lassen. Fische und Sud
dann in sterilisierte
Gläser füllen (Seite 10).
Die Gläser verschließen.

**Zubereitungszeit:
etwa 40 Minuten**

Marinierter Aal

Im Bild unten

Kurzrezept

◢ Aal in Salbei wickeln,
   braten
◢ Sud kochen
◢ Aal in Gläser füllen,
   mit Sud begießen

Raffiniert · Für Gäste

Zutaten für 4 Gläser von
je etwa 1/2 l Inhalt:
1 kg frischer Aal (beim
Kauf häuten lassen)
Meersalz
weißer Pfeffer, frisch
gemahlen
etwa 40 große Salbei-
blätter
Küchengarn
2 große Zwiebeln
1–2 EL Olivenöl
300 ml milder Weißwein-
essig
2 unbehandelte Zitronen
1 großes Bund Basilikum
1/2 Bund Rosmarin
50 g Kapern
10 frische Lorbeerblätter
Pro Glas etwa:
3400 kJ/810 kcal

◢ Haltbarkeit:
   etwa 2 Wochen

1

Den Aal in etwa 2 cm
dicke Scheiben schnei-
den, salzen und pfeffern.
Mit den Salbeiblättern
umwickeln, mit Küchen-
garn festbinden (Seite 86).
Die Zwiebeln schälen
und fein hacken. Das Öl
erhitzen. Die Aalstücke
darin bei mittlerer Hitze
in etwa 4 Minuten rund-
herum kräftig anbraten,
beiseite stellen.

2

Die Hitze reduzieren und
die Zwiebeln im Bratfett
in etwa 10 Minuten hell
dünsten. Den Essig und
300 ml Wasser angießen,
aufkochen lassen.

3

Von 1 Zitrone die Schale
abschneiden. Die Kräuter
waschen. Die Zitronen-
schale, die Kräuter und
die Kapern fein hacken.
In dem Essigsud einige
Minuten köcheln, dann
abkühlen lassen.

4

Die übrige Zitrone wa-
schen, abtrocknen und
in Scheiben schneiden.
Sterilisierte Gläser
(Seite 10) mit der Hälfte
der Lorbeerblätter und
der Zitronenscheiben
auskleiden. Die Aalstücke
ohne Garn in die Gläser
schichten. Mit dem Sud
begießen und mit den
übrigen Zitronenscheiben
und Lorbeerblättern ab-
decken. Verschließen
und einige Tage ziehen
lassen.

**Zubereitungszeit:
etwa 1 Stunde**

Geschenke für Schlemmer

Artischocken putzen

Kleine Artischocken kann man
ganz essen, wenn sie gut
geputzt werden: Die Stiele abschneiden und so viele äußere
Blätter ablösen, bis sie sich am
stielnahen Ende gut beißen
lassen. Die restlichen Blätter mit
einer Schere kürzen.

Holunderblüten vorbereiten

Holunderblüten vorsichtig in
stehendem kaltem Wasser
waschen, nicht unter fließendes
Wasser halten und auch nicht
im Wasser liegen lassen. Dann
auf ein Tuch legen und gut
abtropfen lassen.

Würzöle zubereiten

Würzzutaten wie frische Kräuter
nach dem Waschen jeweils gut
abtrocknen, damit sie im Öl
nicht schimmeln. Das Öl immer
wieder probieren und die Würzzutaten nach etwa 4 Wochen
entfernen.

Dekorative »Verpackung«

Suchen Sie nach ausgefallenen
Gläsern und Flaschen, die Sie
mit Sternen oder anderen Moti-
ven aus Folie bekleben oder mit
Glasmalfarben bemalen können.
Ebenfalls hübsch: Die Gläser
oder Flaschen mit einem runden
Stück Stoff belegen, dieses mit
Samtbändern festschnüren.

Reizvolle Etiketten

Sicher will der Beschenkte
wissen, was sich in dem Gefäß
verbirgt und auch, wie lange es
sich hält. Suchen Sie nach hüb-
schen Etiketten in Papier- oder
auch Küchengeschäften, oder
basteln Sie sie selbst. Besonders
schön sind Obst-, Gemüse- und
Gewürzmotive.

Bänder und Siegellack

Viel mehr braucht es eigentlich
nicht, um aus einem einfachen
Glas eine Augenweide zu
machen. Besorgen Sie hübsche
Bänder, Siegellack mit Docht
und ein Siegel. Die Bänder auf
die Gläser legen, den Siegellack
schmelzen, darauf tropfen
lassen, das Siegel aufdrücken.

Pikante Kaninchen-Rillettes

Kurzrezept

⊿ Kaninchen, Schweinebauch und Speck mit Gemüse, Salz, Pfeffer, Kräutern und Gänseschmalz langsam schmoren

⊿ Das Fleisch von den Knochen lösen und zerpflücken

⊿ Nochmals mit etwas Fett kochen

⊿ In Gläser füllen, mit Fett abdecken

Braucht etwas Zeit

Zutaten für 4 Gläser von je etwa 400 ml Inhalt:

1 Kaninchen (etwa 1,4 kg)
500 g roher Schweinebauch
250 g fetter Speck
4 Knoblauchzehen
2 Zwiebeln
1 Möhre
2 frische rote Chilischoten
etwa 1 EL Meersalz
schwarzer Pfeffer, frisch gemahlen
4–5 Lorbeerblätter
1 Bund Thymian
125 g Gänseschmalz
100 ml trockener Weißwein

Pro Glas etwa:
7900 kJ/1900 kcal

⊿ Haltbarkeit: etwa 2 Monate

1

Das Kaninchen in Stücke teilen. Den Schweinebauch von der Schwarte befreien und in etwa 1 cm große Würfel schneiden. Den Speck ebenfalls würfeln. Den Knoblauch, die Zwiebeln und die Möhren schälen und halbieren. Die Chilies waschen und putzen. Anschließend die Hände waschen, damit die scharfen ätherischen Öle entfernt werden (Seite 34).

2

Den Backofen auf 150° vorheizen. Die Kaninchenstücke, den Schweinebauch, den Speck, den Knoblauch, die Zwiebeln, die Möhren und die Chilies in einen großen Schmortopf geben. Das Salz, Pfeffer, die zerbröselten Lorbeerblätter und den Thymian hinzufügen, alles gründlich mischen. Das Gänseschmalz in Stücken darauf verteilen. Den Wein angießen.

3

Die Fleischstücke im Backofen (Mitte, Umluft 180°) zugedeckt etwa 4 Stunden garen, bis das Fleisch von den Knochen fällt. Dabei gelegentlich durchrühren (Seite 86).

4

Alles in ein großes Sieb schütten (eine Schüssel darunter stellen). Das Fleisch von den Knochen lösen und mit zwei Gabeln gut zerpflücken (Seite 86).

5

Das Fleisch wieder in den Schmortopf geben. Vom abgetropften Fett etwa 4 Schöpflöffel abnehmen und beiseite stellen.

6

Vom restlichen Fett etwa 300 ml unter das zerpflückte Fleisch mischen. Die Masse noch einmal erhitzen und unter ständigem Rühren bei mittlerer Hitze etwa 10 Minuten kochen lassen, bis sie schön geschmeidig ist.

7

Die Masse in sterilisierte Gläser füllen (Seite 10), dabei gut festdrücken, damit keine Luftlöcher entstehen. Die Rillettes jeweils etwa 1 cm hoch mit dem beiseite gestellten Fett begießen (Seite 86). Die Fettschicht fest werden lassen, die Gläser gut verschließen.

Zubereitungszeit: etwa 1 1/4 Stunden (dazu etwa 4 Stunden Schmorzeit)

Ziegenkäse in Öl

Im Bild oben

Frischer Ziegenkäse ist nicht sehr lange haltbar, deshalb sollten Sie ihn erst kurz vor dem Verschenken einlegen und auch nur soviel nehmen, wie die Beschenkten innerhalb von 2 Wochen essen können. Sie bekommen den Käse in gut sortierten Käsegeschäften. Fragen Sie am besten, welche Sorte sich besonders gut zum Einlegen in Öl eignet.

Kurzrezept

◁ Ziegenkäse mit Kräutern und Gewürzen ins Glas füllen
◁ Mit Olivenöl bedecken

Raffiniert

Zutaten für 1 Glas von etwa 600 ml Inhalt:
4–6 kleine, junge, aber feste Ziegenkäse (etwa 350 g; zum Beispiel Crottin de Chavignol)
je einige Zweige frischer Rosmarin und Thymian
2 frische Lorbeerblätter
1 TL weiße Pfefferkörner
1 Muskatblüte (Macis)
1 getrocknete Chilischote
etwa 150 ml Olivenöl, kaltgepreßt
nach Belieben 1 Weinblatt zum Abdecken
Etwa: 6300 kJ/1500 kcal

◁ Haltbarkeit: etwa 3 Wochen

1

Die Ziegenkäse in ein sterilisiertes Glas schichten (Seite 10). Die Kräuterzweige gründlich waschen, sehr gut abtrocknen und seitlich ins Glas stecken (Seite 100). Die Gewürze einlegen. Alles mit so viel Öl aufgießen, daß Käse und Kräuter davon bedeckt sind.

2

Nach Belieben das Weinblatt in Salzwasser blanchieren, bis es biegsam ist. Dann kalt abschrecken, abtropfen lassen und sehr gut abtrocknen. Zusätzlich noch an der Luft etwas nachtrocknen lassen. Das Weinblatt auf die Ziegenkäse legen. Das Glas verschließen. Den Käse kühl, aber nicht im Kühlschrank lagern.

Zubereitungszeit: etwa 15 Minuten

◁ VARIANTE
Ebenfalls gut: Schafkäse in mundgerechte Würfel schneiden und wie beschrieben einlegen.

Knoblauch in Nußöl

Im Bild unten

Durch das aromatische Haselnußöl bekommt der Knoblauch einen besonders interessanten Geschmack.

Kurzrezept

◁ Essig mit Wasser, Salz und Zucker aufkochen lassen
◁ Knoblauch darin garen, abtropfen lassen
◁ Mit Gewürzen in Gläser füllen, mit Öl begießen

Originell

Zutaten für 1 Glas von etwa 300 ml Inhalt:
2 Knoblauchknollen (etwa 450 g)
1/8 l Weißweinessig
Salz
1 EL Zucker
1 TL weiße Pfefferkörner
1 TL Wacholderbeeren
nach Belieben 2 kleine getrocknete Chilischoten
etwa 100 ml Haselnußöl
etwa 100 ml Sonnenblumenöl, kaltgepreßt
Etwa: 4600 kJ/1100 kcal

◁ Haltbarkeit: etwa 3 Monate

1

Die Knoblauchzehen schälen. Den Essig mit 1/4 l Wasser, etwas Salz und dem Zucker zum Kochen bringen.

2

Den Knoblauch in dem Sud etwa 2 Minuten kochen lassen, dann herausheben, auf ein Küchentuch legen und gründlich trocknen lassen.

3

Den Knoblauch mit den Pfefferkörnern, den Wacholderbeeren und eventuell den Chilischoten in ein sterilisiertes Glas füllen (Seite 10). Die Öle mischen. Den Knoblauch mit so viel Öl begießen, daß er ganz davon bedeckt ist. Die Knoblauchzehen vor dem Öffnen mindestens 4 Wochen ziehen lassen.

Zubereitungszeit: etwa 25 Minuten

◁ TIP
Ist der Knoblauch verspeist, bleibt ein wunderbares Öl zurück, das gut in Salatsaucen schmeckt.

Artischocken in Öl

Kurzrezept

◿ Essig, Wein, Wasser, Knoblauch, Pfeffer und Salz aufkochen lassen

◿ Artischocken darin bißfest garen

◿ Mit Knoblauch aus dem Sud heben, abtrocknen und in Gläser füllen

◿ Zitronenachtel und Rosmarin dazugeben

◿ Mit Öl aufgießen

Etwas teurer

Zutaten für 3 Gläser von je etwa 400 ml Inhalt:

1,5 kg kleine Artischocken

3 unbehandelte Zitronen

4 Knoblauchzehen

3/8 l Weißweinessig

1/2 l trockener Weißwein

1–2 TL weiße Pfefferkörner

Salz

2 Bund Rosmarin

3/8 l Olivenöl, kaltgepreßt

Pro Glas etwa:
1600 kJ/380 kcal

◿ Haltbarkeit: etwa 3 Monate

1

Die Artischocken waschen. Die äußeren Blätter und die Stiele abschneiden. Die Enden der restlichen Blätter mit einer Schere kürzen (Seite 100). Die Artischocken längs halbieren. Den Saft von 2 Zitronen auspressen, die Artischocken damit begießen. Die Knoblauchzehen schälen.

2

In einem großen Topf den Essig mit 1/8 l Wasser, dem Weißwein, dem Knoblauch, den Pfefferkörnern und dem Salz zum Kochen bringen. Die Artischocken hineingeben und etwa 8 Minuten bei mittlerer Hitze köcheln lassen, bis sie gar, aber noch bißfest sind.

3

Die Artischocken und den Knoblauch aus der Garflüssigkeit heben und auf Küchentüchern sehr gründlich abtropfen lassen. Die restliche Zitrone heiß waschen, gut abtrocknen und der Länge nach vierteln. Den Rosmarin waschen und gründlich trockentupfen.

4

Die Artischocken mit dem Rosmarin, den Zitronenvierteln und dem Knoblauch in sterilisierte Gläser füllen (Seite 10). So viel Olivenöl angießen, daß die Artischocken ganz davon bedeckt sind. Die Artischocken etwa 4 Wochen zugedeckt ziehen lassen.

Zubereitungszeit: etwa 1 1/2 Stunden

◿ TIP

Zum Einlegen eignen sich nur kleine Artischocken, die meist aus Italien importiert werden. Bei den großen französischen Artischocken kann man nur das fleischige Ende der Blätter und den Boden essen.

Holunderblüten-essig

Im Bild links

Kurzrezept
- Holunderblüten waschen
- Mit Wacholderbeeren in Flaschen füllen
- Mit Essig aufgießen

Raffiniert

Zutaten für 2 weithalsige Flaschen von je etwa 1/2 l Inhalt:

6 schöne Holunderblüten
20 Wacholderbeeren
1 l guter Weißweinessig
Pro Flasche etwa:
530 kJ/130 kcal

- Haltbarkeit: etwa 1 Jahr

1
Die Holunderblüten vorsichtig waschen und sehr gründlich abtropfen lassen (Seite 72).

2
Die Holunderblüten mit den Wacholderbeeren in sterilisierte Flaschen füllen (Seite 10) und mit dem Essig übergießen.

3
Den Essig zugedeckt an einem kühlen Ort etwa 2 Wochen ziehen lassen.

Zubereitungszeit: etwa 10 Minuten

GRUNDREZEPT
Würz-Essig

TIP
Füllen Sie den Essig in Flaschen mit weitem Hals, sonst bekommen Sie die Blüten nicht unbeschadet hindurch.

VARIANTE
Kräuteressig
Dafür etwa 50 g Kräuterblätter vorsichtig waschen und gründlich trockentupfen. Mit dem Essig mischen und ebenfalls etwa 2 Wochen ziehen lassen.

Essig, mit aromatischen Zutaten vermischt, nimmt nach wenigen Wochen den Geschmack an und wird dadurch zu einer besonders delikaten Würze. Geeignet sind Kräuter, wie Lorbeer, Estragon und Basilikum, Gewürze, wie Wacholderbeeren, und Früchte, wie Beeren, Exoten und Zitronenstückchen (oder -schale). Sollte der Essig mal zu intensiv werden, können Sie ihn ganz einfach mit normalem Essig mischen. Nehmen Sie als Grundlage immer hellen Essig, damit die Würzzutaten auch zur Geltung kommen.

Exotenessig

Im Bild rechts

Dieser Essig sieht nicht nur hübsch aus, er bekommt durch die exotischen Früchte ein unvergleichliches Aroma.

Kurzrezept
- Exotische Früchte vorbereiten und in Würfel schneiden
- In Flaschen füllen
- Mit Essig aufgießen

Dekorativ

Zutaten für 2 weithalsige Flaschen von je etwa 1/2 l Inhalt:

2 Lychees
100 g Honigmelone (geputzt gewogen)
1/4 Mango
1 unbehandelte Zitrone
1 TL weiße Pfefferkörner
etwa 800 ml guter Weißwein- oder Apfelessig
Pro Flasche etwa:
830 kJ/200 kcal

- Haltbarkeit: etwa 1 Jahr

1
Die Lychees schälen und mit einem Zahnstocher mehrmals einstechen. Das Melonenstück schälen, von den Kernen befreien und in etwa 1 cm große Würfel schneiden. Die Mango schälen und ebenfalls würfeln. Die Zitrone heiß waschen und abtrocknen. Dann der Länge nach in Viertel schneiden.

2
Das Obst in sterilisierte Flaschen verteilen (Seite 10). Die Pfefferkörner hinzufügen.

3
Den Essig angießen. Die Flaschen verschließen. Vor Gebrauch mindestens 2 Wochen ziehen lassen.

Zubereitungszeit: etwa 30 Minuten

TIP
Würzessige können mit der Zeit sehr intensiv schmecken. Wer das nicht mag, kann sie nach etwa 8 Wochen durchsieben und ohne die Aromen wieder in die Flaschen füllen. Oder Sie verdünnen den Essig später mit weiterem Weinessig.

Rosmarinöl

Im Bild oben

Kurzrezept

- Rosmarin waschen und trockentupfen
- Mit geschältem Knoblauch in die Flasche füllen
- Mit Öl aufgießen

Schnell

Zutaten für 1 Flasche von etwa 1/4 l Inhalt:

5–6 Zweige frischer Rosmarin

1 Knoblauchzehe

etwa 225 ml Olivenöl, kaltgepreßt

Etwa: 8500 kJ/2000 kcal

- Haltbarkeit: etwa 1 Jahr

1

Den Rosmarin waschen und sehr gut trockentupfen. Die Zweige so zurechtschneiden, daß sie in die Flaschen passen, dann etwa 30 Minuten auf einem Küchentuch trocknen lassen (Seite 100).

2

Den Knoblauch schälen und abtrocknen. Mit den Kräuterzweigen in eine sterilisierte, gut getrocknete Flasche füllen (Seite 10).

3

So viel Öl angießen, daß die Kräuterzweige ganz davon bedeckt sind. Die Flasche verschließen und das Öl mindestens 2 Wochen ziehen lassen (Seite 100).

Zubereitungszeit: etwa 40 Minuten

TIP

Statt Rosmarin schmecken auch Salbei, Thymian oder Estragon gut im Öl. Wem der Geschmack des Olivenöls zu kräftig ist, der nimmt gutes, unraffiniertes Sonnenblumenöl.

GRUNDREZEPT
Würz-Öl

Wie Essig nimmt auch Öl verschiedene Aromen gut an. Besonders fein schmecken mediterrane Kräuter, wie Thymian, Rosmarin, Lavendel und Basilikum, aber auch Gewürze (Pfefferkörner, Chilischoten oder Gewürznelken). Ganz wichtig: Die Zutaten müssen absolut trocken sein, sonst schimmeln sie im Öl (Seite 100). Außerdem: Immer erst die Zutaten in die Flasche füllen, dann vollkommen mit dem Öl bedecken.

Scharfes Gewürzöl

Im Bild unten

Dieses Öl schmeckt sehr gut an Nudeln oder auch auf Pizza: Nach dem Backen einige Tropfen darüber träufeln.

Kurzrezept

- Gewürznelken und Pfeffer in eine Flasche geben
- Chilischote und Ingwer dazugeben
- Mit Öl begießen

Raffiniert

Zutaten für 1 Flasche von etwa 1/4 l Inhalt:

2 Gewürznelken

1 TL weiße Pfefferkörner

1 frische rote Chilischote

1 walnußgroßes Stück Ingwer

knapp 1/4 l Oliven- oder Sonnenblumenöl, kaltgepreßt

Etwa: 9500 kJ/2300 kcal

- Haltbarkeit: etwa 1 Jahr

1

Nelken und Pfefferkörner in eine sterilisierte, gut getrocknete Flasche geben (Seite 10). Die Chilischote waschen und putzen. Die Schotenhälften nochmals waschen und sehr gründlich trockentupfen, anschließend die Hände waschen (Seite 34).

2

Den Ingwer schälen (Seite 34), in dünne Scheiben schneiden und ebenfalls abtrocknen.

3

Die Schotenhälften und die Ingwerscheiben in die Flaschen geben und mit dem Öl begießen. Die Flasche verschließen. Das Öl mindestens 2 Wochen durchziehen lassen (Seite 100).

Zubereitungszeit: etwa 30 Minuten

TIP

Wer das Öl zwar gewürzt, aber nicht scharf mag, der läßt die Chilischote weg und nimmt statt dessen einige Wacholderbeeren und eventuell 1 Muskatblüte (Macis).

Preiselbeer-Birnen-Konfitüre

Im Bild oben

Preiselbeeren gibt es im Spätsommer zu kaufen.

Kurzrezept
◢ Preiselbeeren waschen
◢ Birnen klein würfeln
◢ Beides mit Zucker kochen, bis die Preiselbeeren weich sind
◢ In Gläser füllen

Spezialität · Klassiker

Zutaten für 3 Gläser von je etwa 400 ml Inhalt:

750 g Preiselbeeren	
500 g Zucker	
250 g Birnen	

Pro Glas etwa:
3300 kJ/790 kcal

◢ Haltbarkeit: etwa 6 Monate

1
Die Preiselbeeren in stehendem kaltem Wasser waschen. Beeren, die an der Wasseroberfläche schwimmen, herausheben und gut abtropfen lassen. Beeren, die auf den Boden sinken, wegwerfen.

2
Die Preiselbeeren in einem Topf mit dem Zucker mischen und etwa 2 Stunden Saft ziehen lassen (Seite 82).

3
Dann die Birnen vierteln, schälen und von den Kerngehäusen befreien. In schmale Schnitze schneiden und zu den Preiselbeeren geben.

4
Alles unter Rühren zum Kochen bringen. Dann offen bei mittlerer Hitze etwa 15 Minuten kochen lassen, bis die Beeren weich sind und die Masse dickflüssig ist.

5
Die Preiselbeer-Birnen-Konfitüre in vorbereitete Gläser füllen (Seite 10). Die Gläser verschließen.

**Zubereitungszeit:
etwa 35 Minuten (dazu etwa 2 Stunden Ruhezeit)**

Pikant eingelegte Mango

Im Bild unten

Diese würzige Obstkonserve schmeckt am besten zu gegrilltem Rindfleisch, Lamm oder Geflügel. Das ideale Geschenk also, wenn Sie zur Grillparty eingeladen sind.

Kurzrezept
◢ Mango würfeln
◢ Honig-Essig-Sud mit Safran und Gewürzen kochen
◢ Die Mango darin ziehen lassen
◢ Aufkochen lassen, in Gläser füllen

Raffiniert

Zutaten für 2 Gläser von je etwa 1/2 l Inhalt:

2 Mangos (etwa 750 g ohne Stein)	
1/4 Zimtstange	
2 Döschen gemahlener Safran	
2 getrocknete Chilischoten	
2 Lorbeerblätter	
100 g Honig	
100 ml Weißweinessig	
1/4 l trockener Weißwein	
etwa 1 TL Meersalz	

Pro Glas etwa:
2000 kJ/4[0 kcal

◢ Haltbarkeit: etwa 1 Jahr

1
Die Mangos schälen und das Fruchtfleisch in großen Stücken von den Steinen schneiden. Dann in mundgerechte Stücke schneiden. In eine Porzellanschüssel geben.

2
Zimt, Safran, Chilischoten, Lorbeerblätter, Honig, Essig, Wein und 200 ml Wasser mischen. Das Salz hinzufügen und alles zum Kochen bringen.

3
Den Sud etwa 5 Minuten köcheln lassen, dann über die Mangos gießen. Die Mangos bei Zimmertemperatur über Nacht zugedeckt ziehen lassen.

4
Am nächsten Tag die Mangos im Sud zum Kochen bringen. Kochend heiß in heiß ausgespülte Gläser füllen (Seite 10). Die Gläser sofort verschließen.

**Zubereitungszeit:
etwa 25 Minuten (dazu etwa 12 Stunden Ruhezeit)**

Espresso-Zimt-Likör

Im Bild links

Kurzrezept

- Vanilleschoten mit Zucker und Wasser kochen
- Kaffee und Rum untermischen, ziehen lassen
- Likör filtern und in Flaschen füllen

Festlich

Zutaten für 4 Flaschen von je etwa 225 ml Inhalt:

2 Vanilleschoten
250 g Zucker
1/8 l starker Espresso
1/2 l Wodka oder weißer Rum
Pro Flasche etwa:
3000 kJ/710 kcal

- Haltbarkeit: mindestens 1 Jahr

1
Die Vanilleschoten aufschlitzen und in etwa 2 cm lange Stücke schneiden. Mit dem Zucker und 1/2 l Wasser in einen Topf geben.

2
Alles unter Rühren zum Kochen bringen. Bei starker Hitze etwa 15 Minuten köcheln lassen, bis die Flüssigkeit leicht dicklich wird. Dann vom Herd nehmen und abkühlen lassen.

3
Den Espresso und den weißen Rum unter den Zuckersirup mischen. Den Likör in eine dunkle Flasche füllen. Einige Tage an einem dunklen, warmen Ort ziehen lassen, dann filtern und in heiß ausgespülte Flaschen füllen (Seite 10).

Zubereitungszeit: etwa 30 Minuten

Quittenlikör

Im Bild rechts

Auf die gleiche Art können Sie auch Apfel- oder Birnenlikör zubereiten.

Kurzrezept

- Quitten fein zerkleinern, Saft auspressen
- Mit Zucker und Gewürzen kühl stellen
- Mit Alkohol mischen, ruhen lassen
- In Flaschen filtern

Raffiniert

Zutaten für 4 Flaschen von je etwa 1/4 l Inhalt:

1,5 kg Quitten
300 g Zucker
1 Zimtstange
1 TL Gewürznelken
1/2 l Korn oder Wodka
Pro Flasche etwa:
3000 kJ/710 kcal

- Haltbarkeit: mindestens 1 Jahr

1
Die Quitten mit einem Tuch gut abreiben (Seite 72), dann mit der Schale und dem Kerngehäuse grob zerkleinern und in der Küchenmaschine oder im Mixer fein zerkleinern.

2
Die Masse portionsweise in ein stabiles Tuch geben und sehr gründlich auspressen. Es soll etwa 1/2 l Saft ergeben (Seite 52).

3
Den Quittensaft mit dem Zucker, dem Zimt und den Nelken in einer Porzellanschüssel mischen und etwa 24 Stunden in den Kühlschrank stellen.

4
Am nächsten Tag mit dem Alkohol mischen und in ein verschließbares Glas füllen. Die Mischung zugedeckt 3–4 Wochen an einem hellen, warmen Platz (zum Beispiel am Fensterbrett) stehenlassen. Dabei gelegentlich schütteln.

5
Den fertigen Likör durch eine Filtertüte in heiß ausgespülte Flaschen füllen (Seite 10). Die Flaschen gut verschließen.

Zubereitungszeit: etwa 1 Stunde (dazu etwa 24 Stunden Ruhezeit)

- TIP
Im Herbst ist Quittenzeit. Dann wird der Likör angesetzt, und Sie können ihn pünktlich zu Weihnachten verschenken.

Rezept- und Sachregister

Zum Gebrauch
Damit Sie Rezepte mit bestimmten Zutaten noch schneller finden können, stehen in diesem Register zusätzlich auch beliebte Zutaten wie Äpfel oder Kräuter – ebenfalls alphabetisch geordnet und halbfett gedruckt – über den entsprechenden Rezepten. ◢

Cornelia Schinharl
Sie lebt in der Nähe von
München und studierte
zunächst Sprachen, be-
vor sie sich dem Bereich
Ernährung zuwandte.
Nach der fundierten
Ausbildung bei einer be-
kannten Food-Journa-
listin und einem Prak-
tikum bei einem großen
Hamburger Verlag,
machte sie sich 1985 als
Redakteurin und Autorin
selbständig. Es sind
seither zahlreiche
Bücher von ihr erschie-
nen.

Ulrich Kerth
Nach seinem Abschluss
an der Münchner Staats-
lehranstalt arbeitete er
zunächst als Repor-
tagen- und Reisefotograf
für verschiedene Verlage
und Zeitschriften. Auf
seinen Reisen entdeckte
er die Food-Fotografie,
die inzwischen sein foto-
grafischer Schwerpunkt
geworden ist. Er veröf-
fentlichte zahlreiche
Bild- und Kochbücher
und ist als Fotodesigner
für namhafte Verlage,
Zeitschriften und
Werbeagenturen tätig.

Lizenzausgabe für
Gondrom Verlag GmbH,
Bindlach 2002

Redaktion:
Claudia Daiber
Herstellung:
Jürgen Bischoff
Fotos: Fotostudio Kerth
Satz: Layout & Grafik
1000 GmbH, München
Covergestaltung:
Monika Hagen

ISBN 3-8112-1957-X

Der Umwelt zuliebe
gedruckt auf chlorfrei
gebleichtem Papier.

**Die Temperaturstufen
bei Gasherden** variieren
von Hersteller zu Her-
steller. Welche Stufe
Ihres Herdes der jeweils
angegebenen Tempera-
tur entspricht, entnehmen
Sie bitte der Gebrauchs-
anweisung.